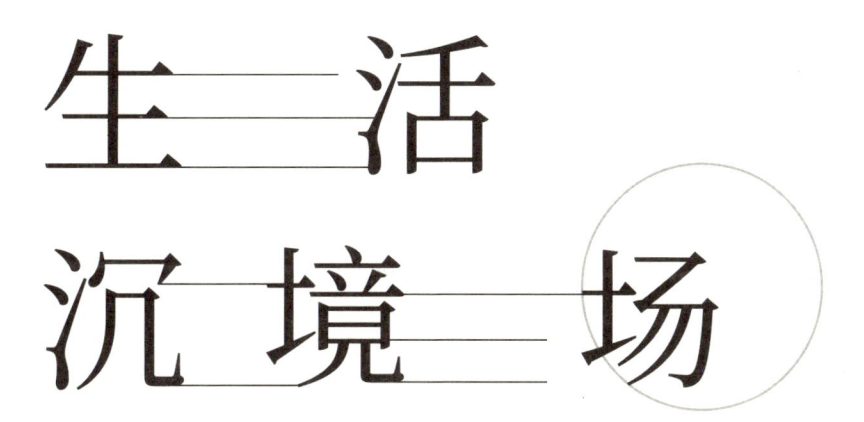

生活 沉境 场

方直产品新主张
NEW PROPOSITION OF FAITHLAND PRODUCTS

方直集团　亿翰智库◎著

中国市场出版社
China Market Press
·北京·

图书在版编目（CIP）数据

生活沉境场：方直产品新主张 / 方直集团，亿翰智库著 . -- 北京：中国市场出版社有限公司，2022.3
ISBN 978-7-5092-2204-1

Ⅰ. ①生… Ⅱ. ①方… ②亿… Ⅲ. ①房地产开发—研究—中国 Ⅳ. ① F299.233

中国版本图书馆 CIP 数据核字 (2022) 第 042987 号

生活沉境场：方直产品新主张
SHENGHUO CHENJING CHANG：FANGZHI CHANPIN XIN ZHUZHANG

著　者	方直集团，亿翰智库
责任编辑	辛慧蓉（xhr1224@aliyun.com）

出版发行　中国市场出版社　China Market Press

社　　址	北京西城区月坛北小街 2 号院 3 号楼	邮政编码	100837
电　　话	编 辑 部 （010）68033692　读者服务部 （010）68022950		
	发 行 部 （010）68021338　68020340　68053489		
	68024335　68033577　68033539		
	总 编 室 （010）68020336		
	盗版举报 （010）68020336		

印　　刷	成都蓉军广告印务有限责任公司		
规　　格	170mm×240mm　16 开本		
印　　张	7	字　数	105 千字
版　　次	2022 年 3 月第 1 版	印　次	2022 年 3 月第 1 次印刷
书　　号	ISBN 978-7-5092-2204-1	定　价	88.00 元

版权所有　侵权必究　　印装差错　负责调换

方直产品新主张

生活沉境场

序

道·场

我很喜欢方直集团陈专先生，是多年好友。经常性地接到陈专先生电话，电话那头嗓音温醇、极富热情的广式普通话传来"啸天兄，最近怎么样？……"之类的问候，往往让人如沐春风，真正的好朋友始终都能让我们对未来充满期待。

● "场"，很好！

仔细翻看本书，确实，"场"这个概念提得很好，尤其应用在社区的范畴。当下业界提及社区，往往更多着眼于建筑的钢筋水泥形态，冰冷、坚硬、缺乏感情。但"场"则不一样，这个物理学概念在社会领域应用中，很自然地就涵盖了建筑与人的内生关系，强调建筑与人之间的相互作用、相互影响，从而形成一种和谐共生的形态。方直所打造的"生活沉境场"，不仅仅是居住者起居作息的场所，更是深化亲情、获得友情、汲取前行力量的场域。

方直集团打造的这个"生活沉境场"，是人居之审美场，是心灵之交互场，更是前行之能量场！

于此"生活沉境场"，建筑因人而增辉，人因建筑而蓄能！

● "道"，大善！

企业家思想的高度，往往决定了企业的发展高度，而企业家的思想高度则根源于企业家价值观的深度。能提出"生活沉境场"这样一个有高度的理念，自然源于陈专先生价值观的深度。我始终认为，企业家与企业之间的交汇点在于价值观，简单地说就是企业时时刻刻都在践行企业家的价值观，价值观的对外表现为品牌、对内则表现为文化。故而，方直集团的这本书实则是在践行陈专先生的价值观。

《论语》有云："友直，友谅，友多闻，益矣。"与陈专先生的交往，让我深刻体会到这位益友价值观之珍贵。首先，是"求直"。方直集团的"方"与"直"，指以方立业，以直修身。身为企业家，直而影正，先以己正而为人之标，这是陈专先生的行商之道。其次，是"求诚"。多年交往，深刻感受到陈专先生的真诚，在合作场合、交流场合、生活场景……他始终真诚如一，我理解这是陈专先生的待人之道。最后，是"求上"。尽管已是学识渊博、事业有成之人，陈专先生仍力求向上，关注新生事物，投资新能源汽车领域，发力创新赛道，始终保持积极奋进之心态，这是陈专先生的律己之道。

陈专先生的道，与方直集团的场，合而为一，是为道场！

道场者，传道之场所也！希望今日方直之道场，为人居建筑开启多元场景，为城市发展构建精神场域，为社会前行注入更多向上与向善的力量！

陈啸天

亿翰智库 董事长

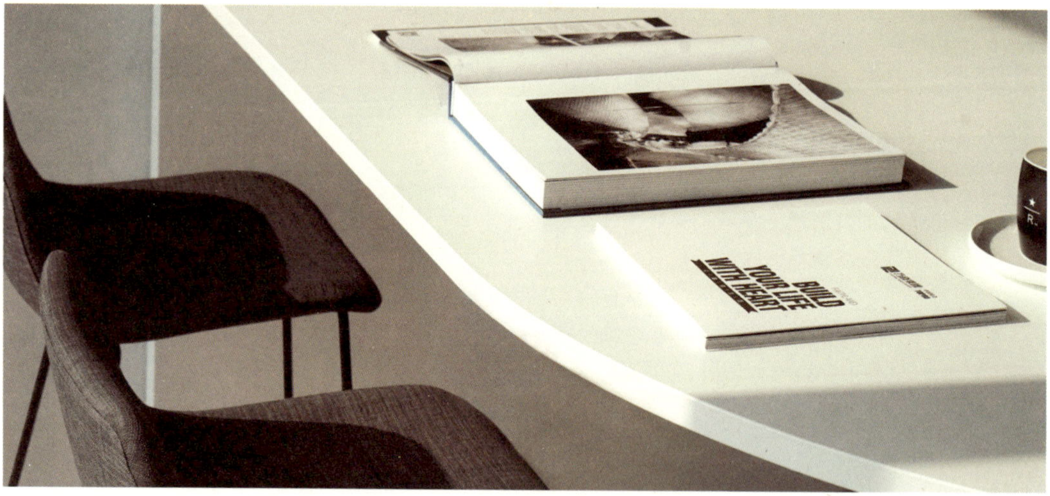
BUILD
YOUR LIFE
WITH HEART

卷首语

王国维在《人间词话》曾说过，

古今之成大事业、大学问者，必经过三种之境界。

对于方直而言：

前行，入境也。

想象，画境也。

勾勒，臻境也。

触在景，思在境，情随境生，临境而其然，

大成于"生活沉境场"。

目录

● **01**

入境 ｜ 日就月将，方直顺变致远

方直：积跬步至千里 — — — — — — — — —● 02

产品 DNA：品质铸就未来 — — — — — — — —● 10

● **02**

画境 ｜ 以人为本，"全·深·新"生活沉境场

创新理念，赋能生活内涵 — — — — — — — —● 24

身临其境，探索沉境式生活 — — — — — — —● 39

● **03**

臻境 ｜ 凝心聚力，构筑理想生活

四大板块，协同发展 — — — — — — — — —● 88

方直公益，以心筑善 — — — — — — — — —● 99

01
入境

日就月将，方直顺变致远

方直：积跬步至千里

方直：以方立业，以直修身

《周易·系辞》曰："敬以直内，义以方外。"

方 上下平衡，左右互持，"方"是周周正正的轩敞格局，是内敛稳实的规章法则。在古语里，"方"还蕴含"刚才""正在""将"的意义，这正对应了过去、现在和将来三个时间轴线。

直 坦率的上下结构辅之以整齐的线条，在《论语》中出现了 22 次，是孔子理想人格的组成部分，修身倡直。

方直的名字，从中国传统文化中而来，将君子所持之"方"与"直"注入企业文化，以"方"为体，立志立业；以"直"处事，严于律己。以此为企业发展之根本，二十余载从容而坚定。

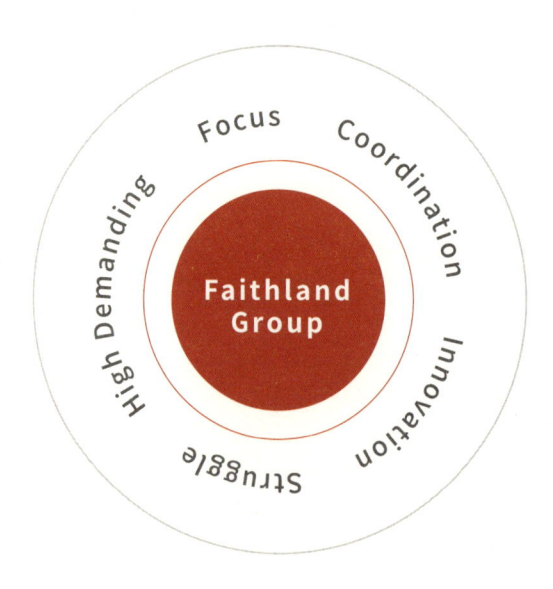

入境 RU JING

方直集团 英文名称为 Faithland Group

专注 FOCUS
专注，表现方直对事业、对实现理想生活的严谨态度。专注研发、创建高品质的产品，不断提升专业能力与产品质量，为城市生活方式升级作出贡献。

协同 COORDINATION
协同，方直核心价值观之一。协同，核心是分工以及合作，组织的成员彼此明确各自的工作内容、理解工作之间如何衔接，形成合力。提高企业运作效率，让理想生活品质快速成为现实。

创新 INNOVATION
创新是方直持续发展的精神基石与核心竞争力。在对方直发展与市场变化的深度审视中，创新成为方直无法忽视的精神与力量。因为创新，方直不断推陈出新，优化产品，推动生活方式升级。

奋斗 STRUGGLE
奋斗精神是方直重要的精神财富、最丰沛的精神力量。方直现在取得的成就都是奋斗的结果，方直相信一切伟大事业都是在奋力推进的。为实现美好人居生活，必须不懈奋斗。

苛求 HIGH DEMANDING
苛求是方直人所追求的品格，是对卓越的不懈追求。方直是有责任的企业，极致苛求，品质至上，力求打造完美的产品，以此实现理想人居。

生活沉境场
SHENG HUO CHEN JING CHANG

心建你生活
客户为上的长期主义

伴随国内经济发展的稳步向前，人们的生活水平日益提高，居住环境的升级成为品质生活的重要衡量标准。后疫情时代，健康的生活方式，以家为核心的社区，是"安全有品质"生活的基本保障和重要载体。

经过二十余载的发展，方直已成长为一家集地产发展、投资运营、物业管理、实业四大业务板块于一体的综合型企业集团，方直所倡导的"心建你生活"主张，旨在为居者提供一个"理想而安全"的家。目前，方直已全面布局粤港澳大湾区核心城市，如广州、深圳、佛山、珠海、惠州、东莞等城市，深度了解大湾区政策、产业结构、人口聚集、城市规划等，以前瞻性的布局观、清晰的战略发展路线及构筑"诗意的栖居"的人居目标，精准客户定位，解决客户需求。

方直·珑湖湾

入 境
RU JING

经典项目(部分)

深 莞 惠

方直·珑樾山（深圳）

方直·谷仓府（深圳）

方直·星澜（东莞）

方直·珑湖湾（惠州）

方直·星耀国际（惠州）

广 佛 肇

中奥方直·明日公元（广州）

方直·学府天成（佛山）

方直·星耀国际（佛山）

方直·珑湖湾（佛山）

生活沉境场
SHENG HUO CHEN JING CHANG

珠中江

方直·西岸（珠海）

方直·彩虹公馆（中山）

方直·香山墅（中山）

方直·珑湖湾（江门）

粤东粤西

方直·君樾府（揭阳）

方直·紫珑府（汕尾）

方直·大泉山海（阳江）

方直将建筑当作幸福生活的礼物

从山到海、从林到湖、从家到自然，每一段旅程都是诗意之旅。

匹配不同的生活方式，方直在建筑风格上选择适宜的表现，有古典对称和现代简约的完美结合体 Art-Deco，以方直·珑湖湾、方直·君御等项目为代表；有以方直·星耀国际、方直·星澜为代表的现代实用主义；也有以方直·紫珑府等为代表的人文主义情怀的新中式。

在当下审美意识逐渐呈现多元的时代，方直力求打破传统居住环境的拘谨，让符合生活需求的创意不断涌现。基于此，方直提出"生活沉境场"的概念，以全方位健康生活配套赋能更美好生活，满足所有人追求舒适生活空间的愿望，展现一家房企在新时期的担当、奉献与责任感。

方直创作"一生之城"。从摇车到银发，将幸福生活从城市一角，拓展到广深新天地，从做产品、做服务到做人生解决方案，实现从商业都市与生态人居的自由切换。

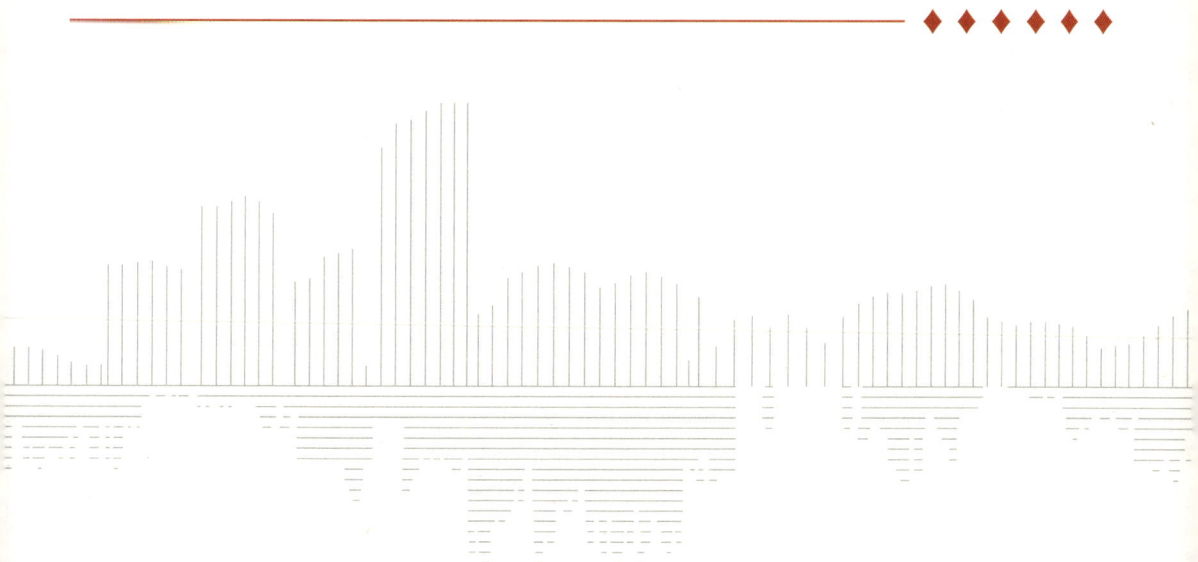

生活沉境场
SHENG HUO CHEN JING CHANG

深耕粤港澳湾区，
一群人荣耀一座城

1998—2005
奠定口碑，获市场优势

方直成立，凭借卓越产品获得市场高度认可，奠定品质口碑。

2006—2010
扎根房地产行业

进入房地产综合开发领域。开发项目产品优越，领先市场，打造一处一传奇的市场佳话。

入 境
RU JING

2011—2015
品质生活，享誉珠三角

启动集团化管控模式，布局珠三角。
方直·珑湖湾、方直·君御等高端项目的
热销为方直奠定品质基础，
项目覆盖广州、惠州、江门。

2021 至今
业务升级，持续深耕粤港澳

形成涵盖地产开发、投资运营、物业管理及
实业四大业务板块于一体的综合型集团，
业务相互促进、协同共生，
持续展开粤港澳大湾区的深度发展。

2016—2020
产城融合，运营粤港澳

深耕粤港澳大湾区九大城市，
主营地产开发业务；
同时，布局产业地产板块，
形成以"地产、投资"
双核驱动的发展模式。

产品 DNA：品质铸就未来

方直注重品牌主张的实施和践行。

以国际人文社区为概念，对社区空间进行科学合理规划，集运动、休闲、玩乐、会客于一体，塑造高级共享社区。导入先进设计理念，打造"城在山水中，家在花园里"的生活画卷，让生活中的每一个细节都成为精工杰作。追求工匠精神，遵循严苛的国际标准，精心雕琢产品品质，为客户提供高质量的建筑产品。

方直不断探索人居所需，坚持"品质"的核心理念，构筑城市与社区，建筑与人的完美融合，为全生命周期人群，铸就品质生活。

方直倾心打造人类诗意的栖居，对于不同的生活需求给予针对性的解决方案，将品牌故事中的品质精神与人的理想、人文和精神内核寓于产品创作。

品质精神——品牌故事的根基

方直素有"一处一传奇"的市场佳话。

2004年，方直创始人陈专先生，以多年的建筑管理经验和对房地产行业的深刻认识，带领方直进入房地产开发领域，在惠州成功打造首个地产项目。方直视"品质"为生命，山水华府初期，因样板房未达到预期的完美品质，创始人抡锤砸掉，要求重建。这一举动当时震撼了整个惠州市场，也让山水华府项目成为该区域高品质居住区的标杆，至今仍广为流传。

山水华府项目凭借着高于市场的品质，在惠州当地迅速得到认可，这也让方直坚定了"品质"为核心的产品理念，也让方直在惠州区域开启了品质住宅的新章程。

入境
RU JING

一个极致的产品主义者的背后，
是宁可砸了重造，也不将就凑合。
从山水华府开始，品质的 DNA 就彻底融入了方直的血液。

顺势而为，2011 年，陈专先生带领方直迈入跨越式发展阶段，打造惠州标杆项目——方直·珑湖湾。方直·珑湖湾的出现，重新定义高品质住区的标准：北望西枝江，南临金山湖公园，内部设有立体社区园林，打造了金山湖片区首个生态人居新典范的生活方式。方直·珑湖湾在试开放期间就引起极大社会轰动，开盘当天销售额即达 16 亿元，创造了惠州楼市销售传奇，市场美誉度一路攀升，自此开创了方直"一处一传奇"的市场佳话。

以品质立身，方直将"品质"贯穿到产品设计、生产以及服务的全链条当中。2012 年，方直形成"城市精英豪宅""现代品质豪宅""商业综合体"，以及"定制系列"在内的"3+X"产品战略。随着消费人群进一步细化，方直也不断升级完善自身的产品系，目前根据个同人的居住需求，"湾墅系列""天颂系列""铂雅系列""乐风系列""X 系列"的"4+X"产品系已蔚然成型。

随着粤港澳大湾区的规划日益清晰，深耕大湾区的方直，将为居住者提供高品质房子，创造高品位生活，带来更丰富的生活、更好的居住体验，这是方直持续坚持和奋斗的终生事业。

伟大传奇，积于跬步，方直信仰，永不止步。

生活沉境场
SHENG HUO CHEN JING CHANG

理念内核与产品相连
筑就人本生活

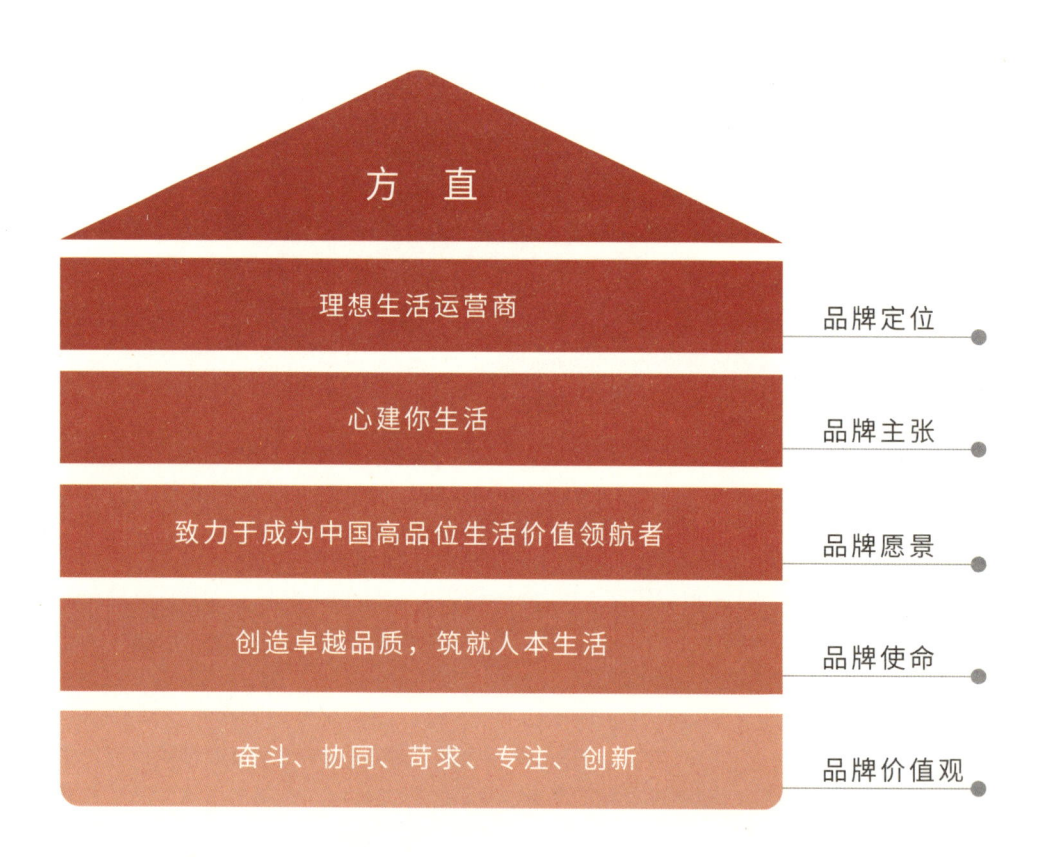

方直

理想生活运营商	品牌定位
心建你生活	品牌主张
致力于成为中国高品位生活价值领航者	品牌愿景
创造卓越品质，筑就人本生活	品牌使命
奋斗、协同、苛求、专注、创新	品牌价值观

方直品牌屋

入境
RU JING

在产品系命名上，方直汲取《诗经》，将广为人知的风、雅、颂诗歌集命名产品系。

一是讲究文化内涵；
二是提倡多元的生活方式及生活内涵。

方直旨在打造轻松快乐、城市家居、精致奢享的不同生活形态。另设 Top 产品"湾墅系"和定制产品"X 系"，作为打造资源产品的延展，以 5 条丰富的产品线满足客户的不同居住需求。

暨方直打造"4+X"产品战略，包含湾墅系列、天颂系列、铂雅系列、乐风系列、X 系列五大系列，为全生命周期人群，构筑理想的人居环境。

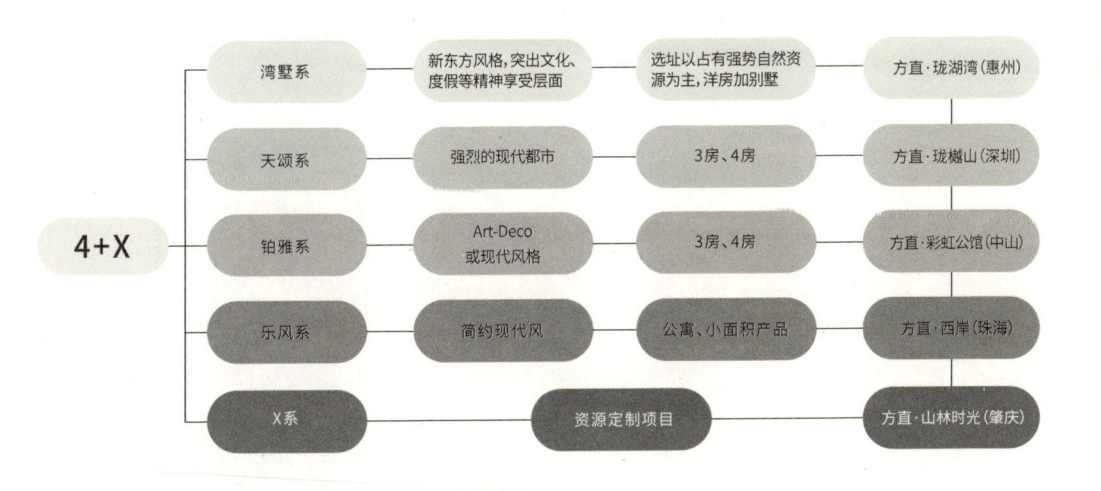

4+X				
	湾墅系	新东方风格,突出文化、度假等精神享受层面	选址以占有强势自然资源为主,洋房加别墅	方直·珑湖湾(惠州)
	天颂系	强烈的现代都市	3房、4房	方直·珑樾山(深圳)
	铂雅系	Art-Deco 或现代风格	3房、4房	方直·彩虹公馆(中山)
	乐风系	简约现代风	公寓、小面积产品	方直·西岸(珠海)
	X系		资源定制项目	方直·山林时光(肇庆)

13

生活沉境场
SHENG HUO CHEN JING CHANG

【湾墅系】
城市中心 自然资源 理想人居

湾墅系列是方直集团的扛鼎之作，也是首个成熟完善的产品系列。

以方直·珑湖湾、方直·君御为代表，此系列集合了山、海、湖、湾等优越的自然资源、先进的设计理念、顶级配套于一身，通过五星级的景观设计与建筑相互交融，缔造"城在山水中，家在花园里"的居住享受，筑造理想人居。产品丰富，涵盖洋房、别墅、类别墅等。

方直·珑湖湾

入境
RU JING

方直·星耀国际

【天颂系】
国际人文 城市繁华 星级会所

天颂系构筑国际人文生活环境，打造立体园林景观、引进星级会馆、高端商业配套，创领国际人文城市人居生活范本。代表产品如方直·珑樾山、方直·星澜、方直·香山墅等。以改善型需求为主，打造舒适的空间，突显生活的仪式感、尊贵感。风格以品质感强烈的现代都市为主，稳重大气。

生活沉境场
SHENG HUO CHEN JING CHANG

【铂雅系】
温馨家庭 现代轻奢 乐享生活

方直·东岸

方直·紫珑府

铂雅系兼具一流的交通、高尚的人文内涵和丰富的生活配套，致力于为3~4口之家，营造精致、舒适、从容的品质生活，打造现代轻奢、健康颐养、乐享生活之境，是城市家庭品质生活的尊崇之选。如方直·彩虹公馆、方直·紫珑府、方直·学府天成等。

入境
RU JING

【乐风系】
现代时尚 科技居家 乐活天地

乐风系聚焦活力、时尚的生活方式，采用符合都市精英审美的创新设计，注重社区人文氛围，打造现代时尚的建筑风格，创造灵活实用的空间布局，旨在为单身、二人世界打造现代时尚、科技居家、乐活运动之境。如方直·城市时代、方直·南乐时光等。

【X系】
高端定制 休闲度假 依地取材

方直探索未来地产形态的先锋之作。以高品质的建设标准，整合稀有咸水温泉、海洋资源、森林公园等生态资源，打造度假旅游项目，呈现具有特色的定制化产品魅力。代表项目有方直·山林时光、方直·大泉山海。

方直·大泉山海

生活沉境场
SHENG HUO CHEN JING CHANG

产品开发
因地因时制宜，尊重自然和人的共生

从伦敦的海德公园一号，到纽约的 One 57，再到上海的汤臣一品……可以发现与景观资源的高度聚合，是高净值人群甄选好房的不变法则。方直在产品研发上，顺应城市发展脉络，基于对文化肌理、经济发展、地理地貌等全维度综合考量，合理规划，营造高水准品质人居，持续提升城市居民生活水平。

■ 甄选土地

方直选址，首选城市核心位置或副中心位置，
拥有稀缺的自然资源，
承载着居住者对生活无尽的想象。
是在山、河、湖、海之间，也在城市、公园之间，
这是方直极致的拿地哲学。

■ 因地制宜

每一块土地都有其独特性，
方直尊重自然法则的生长理念，
将建筑依托山河湖海、树木花草等自然资源，保护自然，
做到对土地最大的尊重，打造绿色生态健康人居。

入 境
RU JING

【方直·珑樾山（深圳）】
城央私属，享半山山居生活

方直·珑樾山位于深圳福田金融中心和南山科技中心两大财富圈交集点，背山面水，定位以山为本，坐享城市山居生活。位于深圳城市中心的绿肺——15000亩的塘朗山的南麓，塘朗山也是深圳市区最大的郊野公园。

在项目打造过程中，珑樾山对方直品质基因进行了传承与升级——邀请国际著名建筑大师操刀，传承方直点式规划布局，并进行产品和理念的升级，依山势变化，打造高差景观空间与现代简约建筑，与山景和谐共居，日日居山峰，夜夜伴山居，书写惬意生活。

生活沉境场
SHENG HUO CHEN JING CHANG

■ 科学规划

基于对不同城市的居住者进行全周期客户研究，
倾听意见，让居住者成为设计的一部分；方直将地势特征和需求相融合，科学规划，
打造超出预期的高端产品，与居住者共同见证城市的风光。

【方直·香山墅（中山）】
6米仰止天境墅，筑空中立体生活

方直·香山墅，是创新意义上的现代"别墅"，是基于科学规划、创新改进后打造的"立体墅"。在纯点式布局，户户南向的"资源共享"设计观念下，方直在这个项目上以创新的设计理念、确保各户型均享错落有致的景观。

首创6米仰止天境墅，开拓居住新格局，全龄段独创户型，89平方米享4房2卫，打造"一环三进八趣十景"的园林胜景，让生活四时四季皆有别样精致。

方直·香山墅

入境
RU JING

■ 天人合一

方直在产品开发上始终追求人与自然的完美融合，
探索生态人居所需，将自然保护与人类居住形态结合，
让居住者在自然生态间，描摹静谧惬意心境，盎然意趣留驻境域之间。

方直·君御

【方直·君御（惠州）】
首创立体绿化系统，让建筑融于自然

方直·君御社区的绿化率高达 42%。方直充分发挥在园林方面的优势与先进理念，利用植物对空气的净化作用，在社区周边种植高大的绿植，形成一个天然的生态"屏障"将社区包裹其中，犹如自然界的瓦坎达王国，让住户们感受到舒适安全和空气怡人。

除此之外，方直·君御以 61 万平方米纯大户型产品筑就高端滨江住区，将健康、绿色、生态的开发理念融入建筑规划中，被中央电视台环保频道评为"全国较好环保社区"，是广东惠州唯一得此殊荣的社区。

02
画境

以人为本,"全·深·新"生活沉境场

生 活 沉 境 场
SHENG HUO CHEN JING CHANG

创新理念，赋能生活内涵

后疫情时代，居住者对生活有无限向往，对家的幸福感知有更多追求。

社区作为家的延伸，不再是没有温度的建筑集合，它更是追求美好生活的空间延伸。而这就关乎空间的构造、景观的设计、社区配套的某一细节感知。

基于此，以人为核心，方直充分了解居住者的需求触点，首创"生活沉境场"的理念，将家的安全感与归属感延展到社区以及家外的体验中，让每一个沉境于此的人都收获幸福的体验。

实景图

生活沉境场：沉境生活的场域

沉境：是沉浸，更是沉境。
沉浸的是氛围，沉境的也是精神世界。
场域：灵动的全场景、深体验的生活空间。

生活沉境场，是沉境生活的场域，也是心灵的栖居地，
这里呼吁：**每个人都是生活的主角**。
每个人都可以主宰自己的生活，
主宰自由、爱情和幸福，
满足自我实现的价值需求。

在生活沉境场里，
每一个生活场域都被用心打造，
方直兑现每一个承诺，
善待每一位居者的理想，
让每个生活其中的人都能闲庭望星，享受慢下来的生活。

生活沉境场
沉境生活的场域

❶ 不仅仅是沉浸，更是沉境

● "浸→境"的演变

沉浸式生活是短暂的愉悦感。在市场上，"万物皆可沉浸式"被广泛流传。当个体进行沉浸式活动时，会完全投入到情境中，过滤不相关的知觉，通过外部刺激，给参与的个体带来很大的愉悦感，并促使个体反复进行同一活动而不厌倦。

沉境是沉浸的升级和生活化。沉境式生活是精神世界的满足，是永恒且在不断迭代更新的。

以品质为根本，方直不只想为人们带来从区位、户型、建筑、配套等维度的改善，更是想打造能让人们放松心情、敞开心扉的生活场域，给人们带来更丰富有层次的从物质到精神层面的愉悦。

依托于此，还原生活美好品质，掌握沉浸式生活的精髓，打造沉境式生活。

其一，通过丰富场域，让信息情景多元化，做到面面俱到，且能于细微处见真章；其二，通过刺激视、听、触、嗅、味等感知，让人沉境于此，获得愉悦而难忘的记忆。

于方直而言，生活不仅仅是沉浸，更是沉境。

画 境
HUA JING

境

境，本义为疆界、边界。后引申指某一范围的情况、境界。

融合沉境式生活与企业自身的风雅颂文化内涵，从居家生活的改善，到产品场景的营造，再到服务体验的用心，由静到动构筑生活沉境场，用沉境式产品构筑多种可能。

让人们在生活沉境场中，做生活的主角，满足人们的物质与精神双重需求，沉境于生活的愉悦感中，体验美好进行时的生活方式。

生活沉境场不仅仅是身份地位和品质生活的追求，更是自我实现、自我取悦的价值实现。

境之意，从一个划地为界的有形边界，逐渐向广袤世界的无形之境演化。

境字的演变是一次创新，就如方直不断突破自我、超越自我的创新理念。

生活沉境场
SHENG HUO CHEN JING CHANG

❷ 无限场域，无界生活

场

场，意为平坦的空地。引申指"处所、许多人聚集或活动的地方"。

若想达到精神世界的沉境，必然要有强大的物质支撑。

人们对于住宅产品的要求已从居住进化到品质生活，除了有个性定制化的诉求，对生活空间也有了多元化场域的需求。以品质为核心，产品的打造也向人居生活倾斜，对生活空间有了更多维度的延伸。

在场域的打造上，以家庭、邻里、朋友、同事为美好关系的建立起点，将精悉之域的景观园林融入生活沉境场，形成"设计→施工→专业维护→后评估"的全周期体系，兼顾塑造精致产品和人们的身心健康，打造向往的生活场域。

沉境生活的场域
传递自然人居理念

设计——术业有专攻
将园艺成果用于社区建设，长期与行业一流设计单位合作，
并有标杆团队全程把控设计质量，使住宅产品持续迭代更新，
满足不同客群的需求。

施工——行之有方
严格遵循质量标准与品质管控，自建苗圃育苗，产精品绿化苗木，
根据项目定位不同，因地因时选择苗木产品，例如广东项目里的四季园林，
以常绿植物为选取标准，以此奠基景观园林品质。

专业养护——别具匠心
通过自建绿化养护团队保育植物全生长周期，
并设立专业维保修队伍保障户外设施正常运作，
实时跟进查看质量进度，安全检查工程，确保设施质量优良。

后评估——清源正本
定期收集业主反馈信息，纳入后评估体系，总结项目管理的经验教训。
完善公司标桩化体系，供后续项目参考借鉴，拉通场域建设生命周期。

生活沉境场
SHENG HUO CHEN JING CHANG

聆听每一个
自然人居的声音

业主原声

园林绿化维护好，环境比较不错，园林绿化保养得很好。
——惠州方直·君御

绿化环境好，园林绿化保养得很好；物业人员也会定时为花园里的绿植杀虫。
——江门方直·珑湖湾

园林的维护不错，品种也丰富。
——惠州方直·城市时代

【方直 2018—2020 年住宅客户满意度调研报告】

- 江门公司，各服务指标均表现优良，趋近或达到行业标杆，以园林绿化表现最为优异，作为老本行产业持续领先行业标杆。

- 园林绿化在受访的 45 户业主中得到 100% 好评，表现优异。

- 2019 年园林绿化满意度超行业标杆水平，保持行业优秀水准。

- 产品、社区配套各指标均有提升，表现出色。
  房屋设计、园林绿化显著优于行业标杆。

示意图

❸ 以人为本，生活沉境场深化人居内涵

方直不只造景，更多是营造生活场境。
生活是在不同人生阶段的感悟及境界。

> 王国维在《人间词话》中曾说过：
> "有我之境，以我观物，故物皆著我之色彩；
> 无我之境，以物观物，故不知何者为我，何者为物。"

在造景上，通过运用视觉景观的多种元素组合与控制，寓情于景，将自然与生活融合，描绘城市中的"诗意栖居"，打造出色彩怡人、尺度适宜、韵律优美的景观效果。

为强化人们的感官舒适体验，引用"有我之境"的概念，让人成为生活沉境场的主角，演绎多元生活场景。在建筑外观上，融合文化底蕴，满足人们对生活品味、身份象征的精神需求；在户型设计上，居者可拥有适应性和可变型的创新户型；在社区配套上，居者可随心所欲地玩其想玩，乐其所乐，随时以放松豁达的心境去观赏、沟通和享受。

而"无我之境"则是方直为居者打造的多元社区场域，通过将园林生态系统与成熟的天人合一的开发规划理念，满足不同年龄段的需求，用心构建生活。

生活沉境场
SHENG HUO CHEN JING CHANG

全·深·新价值体系
细品生活与理想

沉淀归纳产品空间、建筑、园林等价值，以栖居之境、游园之境、共享之境为扎实根基，输出以生活沉境场为主题的"全·深·新"产品价值体系，倡导全场景、深体验、新生活的价值理念。

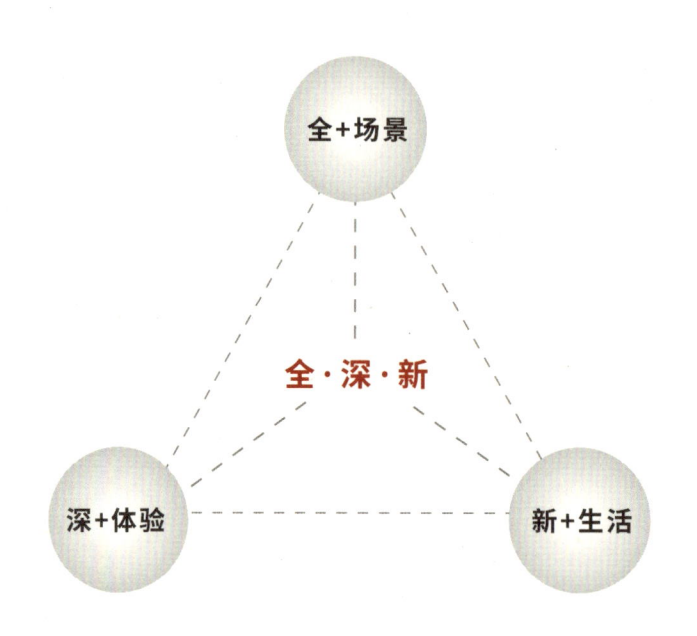

全 + 场景： 多维度且全场景的。
深 + 体验： 通过邻里、朋友、宠物等社交，营造深度沉境的体验。
新 + 生活： 创新令人身心沉境、心生喜悦的生活。

画 境
HUA JING

这片私享而灵动的场域，以人为核心，
呼吁"我的生活我做主"的生活理念，为每个不同的个体设置社区活动场所，
以此尽享空间和环境的舒适氛围。

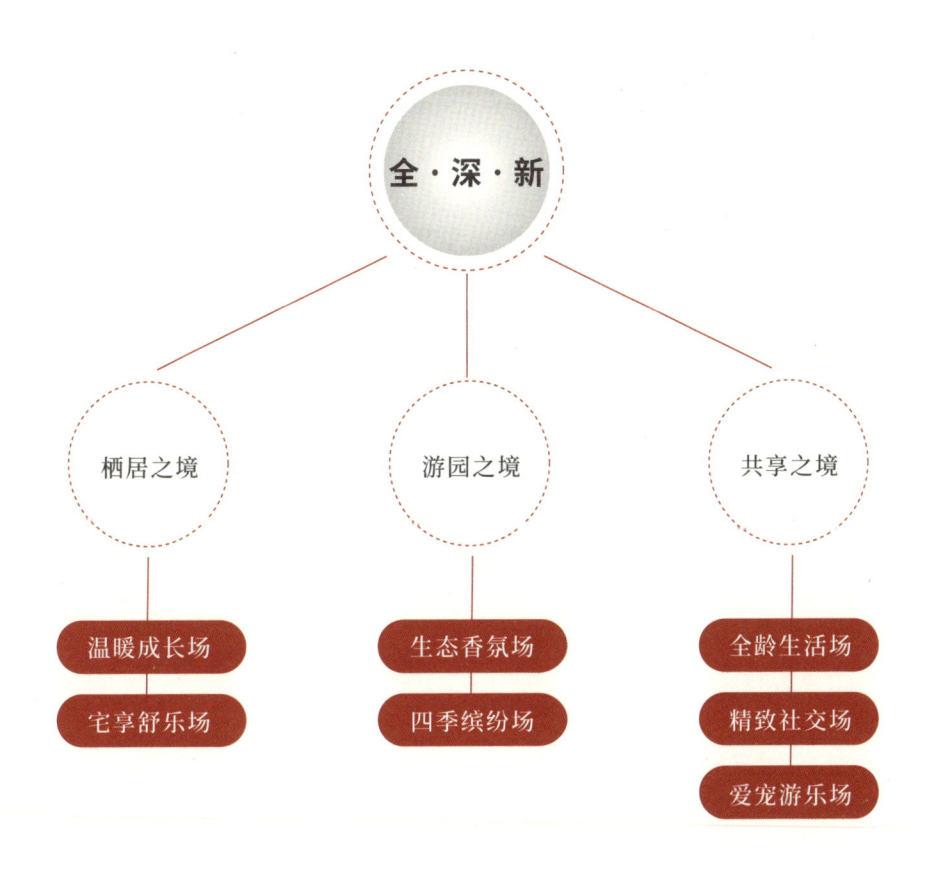

```
                          全·深·新
                    ┌────────┼────────┐
                 栖居之境   游园之境   共享之境
                    │        │         │
                温暖成长场  生态香氛场  全龄生活场
                宅享舒乐场  四季缤纷场  精致社交场
                                      爱宠游乐场
```

33

生活沉境场
SHENG HUO CHEN JING CHANG

❶ 生活沉境场中，方直的家是什么样的？

栖居之境

伴随家庭结构升级以及生活需求的不断迭代，人们对扩充户内空间功能的诉求更加强烈，想有收纳一切的储物柜，又想拥有多功能间、儿童娱乐室等。因此，通透的户型、多功能空间以及储藏空间成为一种最迫切的需求。

根据人们需求调整，以户内空间为场景，打造温暖成长场与宅享舒乐场，满足儿童与成年人对空间不同设计需求，让每个人都能做生活的主角，主宰自己的空间。

例如，在温暖成长场中，以阳光、家庭、健康为核心要素；以家庭亲密共处为原则，打造 LDK（living room, dining room, kitchen）一体化客餐厅系统，实现多角色、多情景的生活场景融合。在宅享舒乐场中，用 N+1 的百变空间解决传统空间划分与新增生活需求之间的矛盾，实现家庭成员对社交聚会、亲子互动的需求。

实景图

温暖成长场

洞察儿童成长需求，以快乐和温暖为基因，打造阳光儿童房与亲子陪伴空间，给孩子多点呵护，给自己多点空间。

宅享舒乐场

借助"互联网+"，融合乐活健康、人居细节以及品质生活的追求，针对不同年龄段的群体打造兼具功能化与场景化的住宅空间，让业主科技居家、安全居家、灵活居家。

❷ 归家路上，你在生活沉境场是什么样的享受？

游园之境

现代人们对住宅微环境的需求越来越高，除了室内的光环境、声环境、热环境、风环境等，还包括对社区建筑布局、绿化、水体等组成的住宅范围内的环境体系。

为加深客户的沉境式体验，注重归家动线上园林景观的布置，将建筑外立面、归家路径、园林景观三者融为沉境式的特色人文景观。并专门培育植物，为住区的景观设计提供原材料，创建生态香氛场和四季缤纷场，打造家门口的生态公园。

生态香氛场

精研自然雅趣，将城市的喧嚣纷扰隔绝在外，将生态花园、林下草丘、绿色氧吧等融入社区景观，营造如密林般的生态园林氛围，打造风景宜人、舒适恬静的理想居所。

四季缤纷场

匠心独运，至臻造园。精心构建多视觉层次的五重立体园林景观体系，将四季风景、四季花海融于社区，营造错落有致的园林盛景，居者可以一路游园，穿梭四季归家。

生活沉境场
SHENG HUO CHEN JING CHANG

❸ 是否想过每个年龄段，
　都拥有一个不一样的邻里共享空间？

共享之境

社区作为"家"的延伸环境和人们最直接的户外生活空间，它既是邻里交流的主要载体，也是连接生活和工作的重要纽带。突发的新冠肺炎疫情更是影响了人们的健康观念，社区活动场地已经成为全民健身最好的空间载体。

以"共享之境"为输出，将社区空间作为重要部分，根据不同年龄层人群的不同心理特征、运动需求，结合景观空间布局，创建绿地生活场、精致社交场和爱宠游乐场，覆盖全龄生活需求。

共享之境是打造生活艺术的秀场、自在的创意空间、最潮社区的多元文化枢纽，会让社区居民之间产生一体化链接和彼此间微妙的互动作用。

效果图

全龄生活场

理想的居所不仅仅是建筑和园林，更是家人邻里的交流与互动。为满足社区内不同群体的场景需求打造森林图书馆、全年龄段泳池、绿动活力场、迷你运动场等休闲配套设施，让每一个人都享受生命的律动。

精致社交场

将社交共享功能赋予公共空间，以现代设计元素为基底，平衡空间与生活本真，打造社区会客厅、活力运动等空间，为社区业主提供更多的社交机会，提升社区温度。

爱宠游乐场

为爱宠青年群体设立专门的爱宠电梯、宠物饮水处以及爱宠清洁用具等，打造专属爱宠乐园，促进爱宠一族间的社交活动，也能满足宠物的运动健康需求，为业主构设趣味多元的空间体验。

效果图

生活沉境场

生活沉境场产品触点

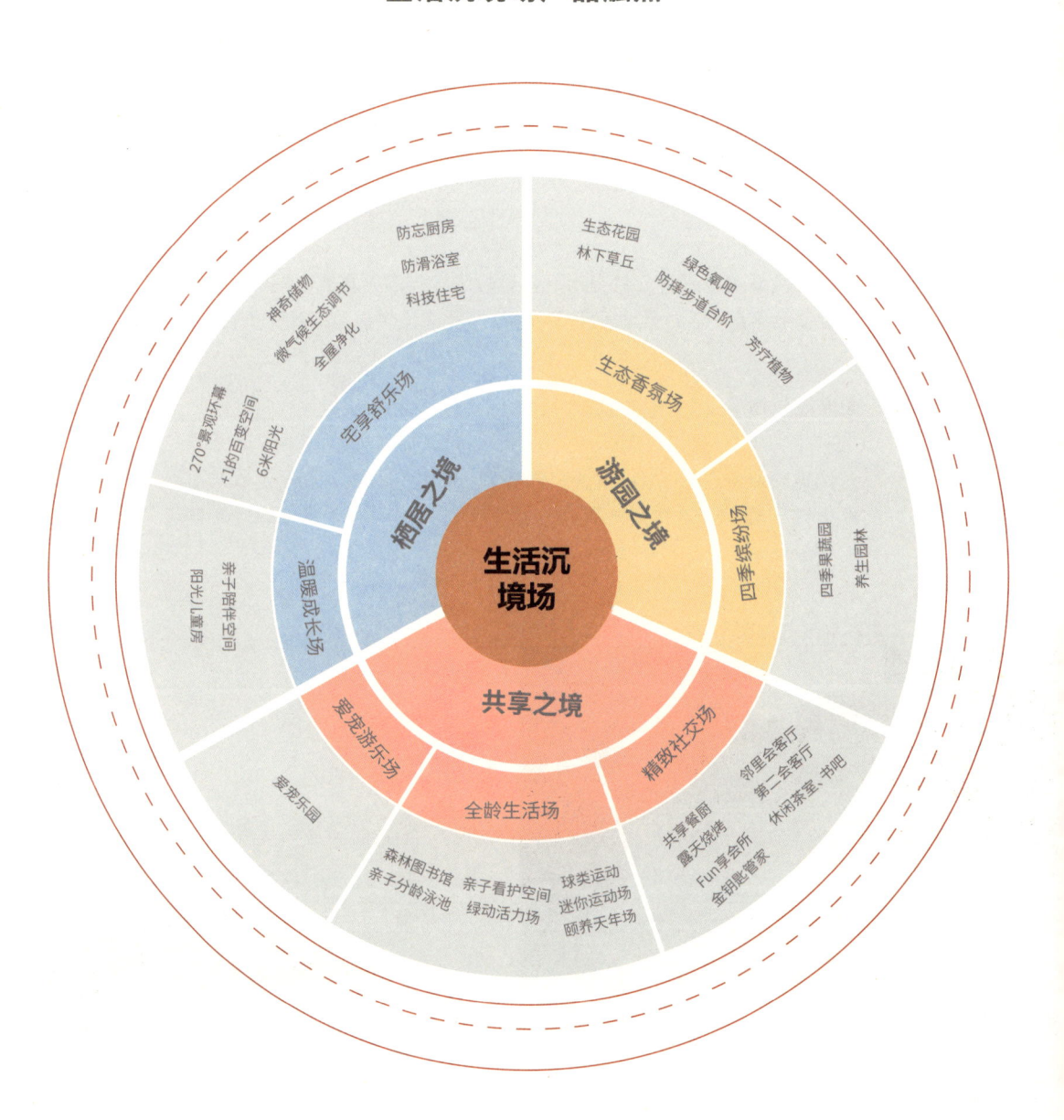

生活沉境场

栖居之境
- 宅享舒乐场
  - 防忘厨房
  - 防滑浴室
  - 科技住宅
  - 神奇储物
  - 微气候生态调节
  - 全屋净化
  - 270°景观天幕
  - +1的百变空间
  - 6米阳光
- 温暖成长场
  - 亲子共书阳台空间
  - 卧室门保阳

游园之境
- 生态香氛场
  - 生态花园
  - 林下草丘
  - 绿色氧吧
  - 防摔步道台阶
  - 芳疗植物
- 四季缤纷场
  - 四季果蔬园
  - 养生园林

共享之境
- 爱宠游乐场
  - 爱宠乐园
- 全龄生活场
  - 森林图书馆
  - 亲子分龄泳池
  - 亲子看护空间
  - 球类运动
  - 迷你运动场
  - 绿动活力场
  - 颐养天年场
- 精致社交场
  - 共享餐厨
  - 露天烧烤
  - Fun享会所
  - 金钥匙管家
  - 邻里会客厅
  - 第二会客厅
  - 休闲茶室·书吧

画境 HUA JING

身临其境，探索沉境式生活

精研沉境式生活，适配个性化需求

针对不同年龄群体，
从需求入手，打造独特的"全·深·新"沉境式社区，
让居者身处自然与建筑的结合中，
得到全身心愉悦，全身心放松。

示意图

生活沉境场
SHENG HUO CHEN JING CHANG

- 朝气蓬勃的奥比岛（少年）
- 多元能量的磁力场（青年）
- 优雅考究的秘密花园（中年）
- 心旷神怡的绿氧庄园（长者）

- 森林图书馆
- 邻里会客厅
- Fun 享会所

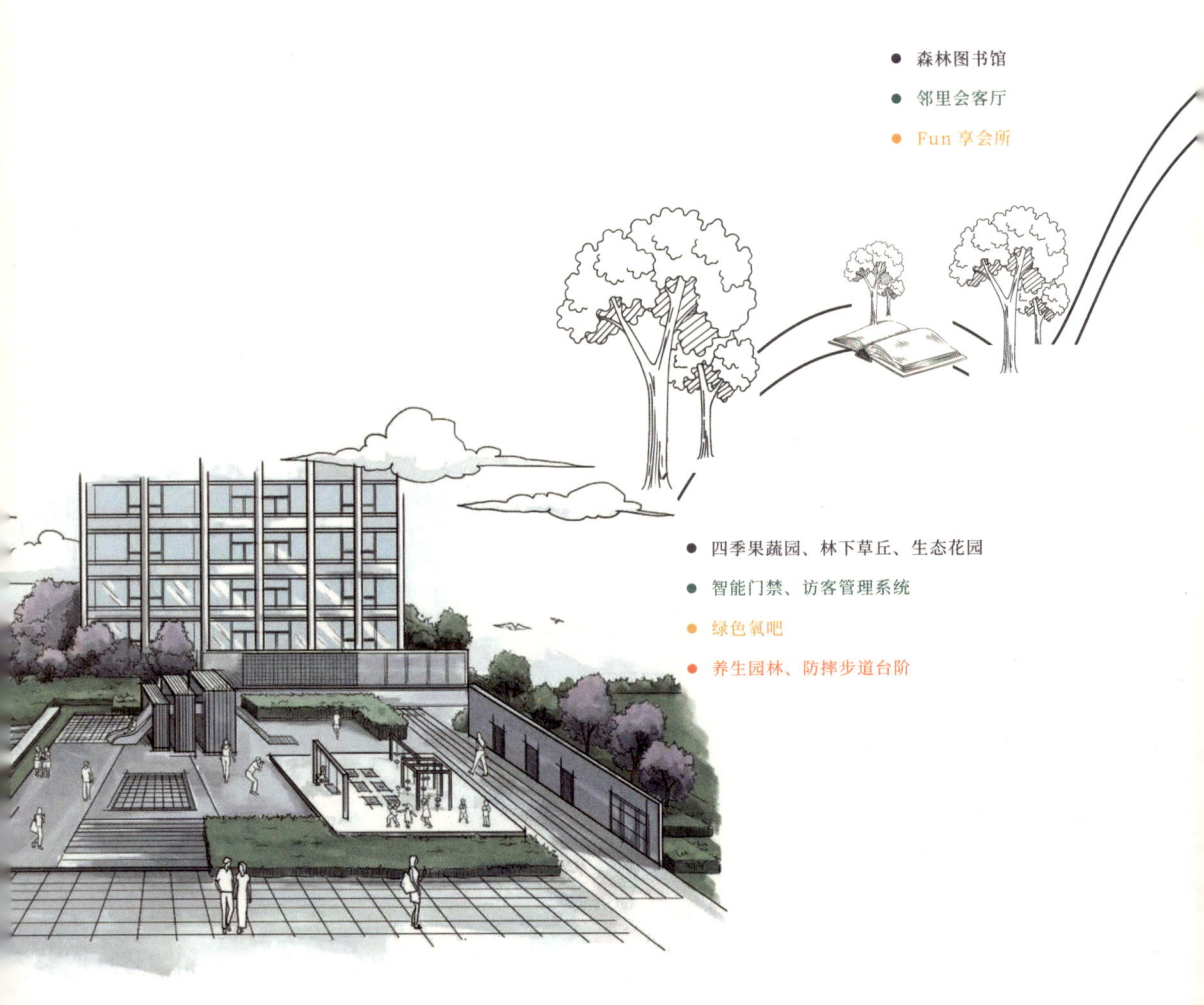

- 四季果蔬园、林下草丘、生态花园
- 智能门禁、访客管理系统
- 绿色氧吧
- 养生园林、防摔步道台阶

画 境
HUA JING

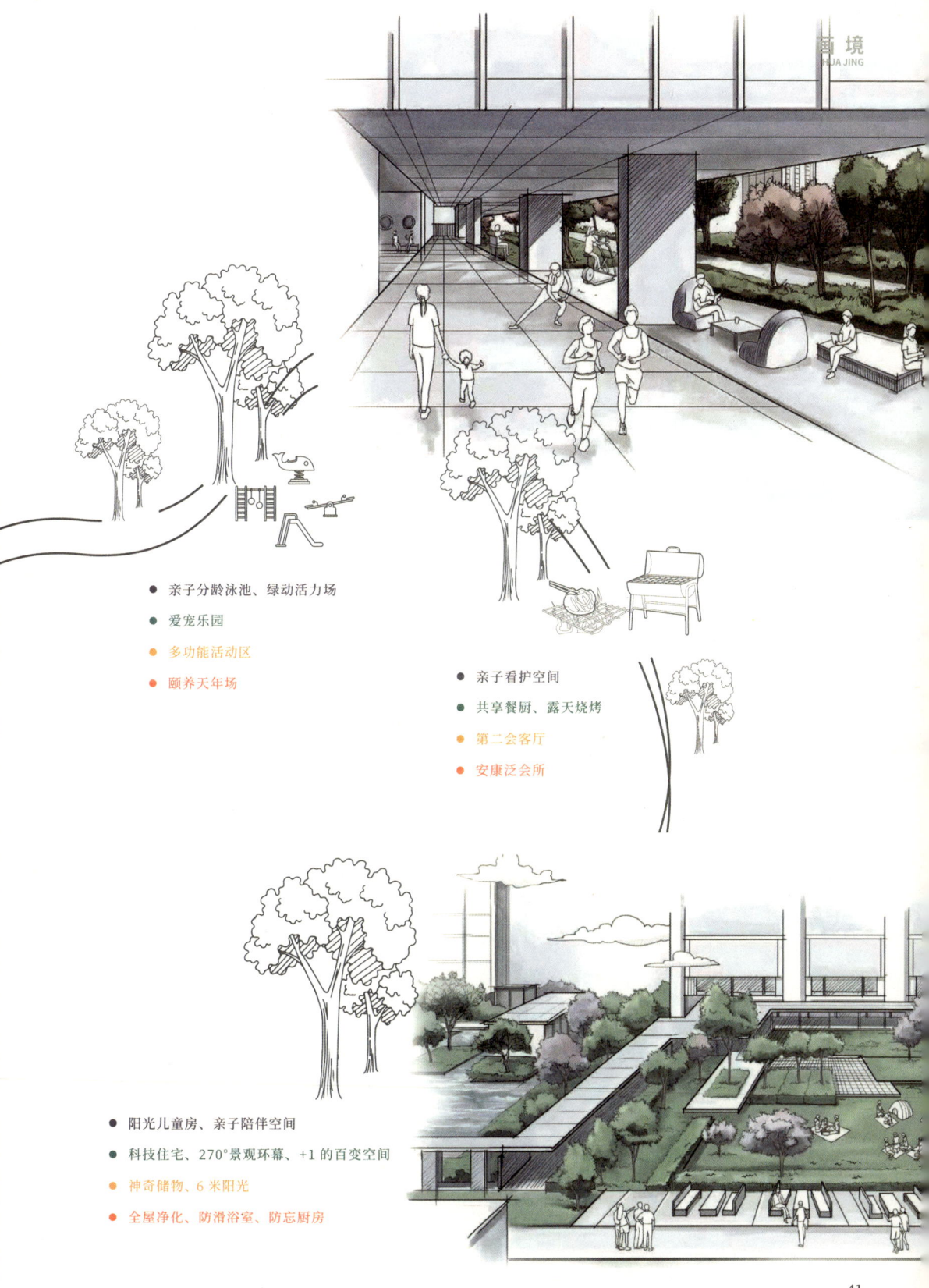

- 亲子分龄泳池、绿动活力场
- 爱宠乐园
- 多功能活动区
- 颐养天年场

- 亲子看护空间
- 共享餐厨、露天烧烤
- 第二会客厅
- 安康泛会所

- 阳光儿童房、亲子陪伴空间
- 科技住宅、270°景观环幕、+1的百变空间
- 神奇储物、6米阳光
- 全屋净化、防滑浴室、防忘厨房

生 活 沉 境 场
SHENG HUO CHEN JING CHANG

少年
Teenager

朝气蓬勃的奥比岛

奥比岛是生活沉境场中的一个美丽神秘小岛，这里有美丽的自然风光，有四季热闹的果树园，有亲密可爱的陪伴空间，有精彩奇妙的活动场……

奥比岛的秘密：提供安全、健康、有趣的游乐园，在绿色神秘的奥比岛探索求知，发挥自己的想像力和创造力，朝气蓬勃地成长，形成健康积极的人生观和世界观。

画 境
HUA JING

❶ 少年喜欢的家是什么样的?

栖居之境
是否想过让孩子从小便拥有一个独立空间?

◇ 阳光儿童房

孩子是家庭中的重要一员,其阳光的成长离不开父母以身作则的陪伴、和谐有爱的家庭氛围,以及自立自理的空间。

儿童房作为孩子的第一个独立空间,它是孩子成长启蒙的实体教科书。

从"童趣"与"安全成长"出发,阳光儿童房既满足孩子的好奇心与求知欲,又能在生活中学习,茁壮成长。

实景图

43

生活沉境场
SHENG HUO CHEN JING CHANG

0~3 岁
阳光儿童房以家长的看护与陪伴为基础，培养孩子的认知能力。通过将客厅活动区放到阳光儿童房中，布置安全防撞条、地毯、围栏等，打造独立安全的儿童玩耍空间。

4~6 岁
阳光儿童房培养孩子的独立意识。通过布置床、书桌、书架、玩具等家居，满足孩子涂涂画画、蹦蹦跳跳的需求，同时，还能邀请朋友到家做客，分享自己的小天地。

7~12 岁
孩子步入小学阶段，阳光儿童房可以培养孩子好的学习习惯。通过布置学习桌椅、书柜、学习用品、灯具等学习装备，将阳光儿童房改造成遨游书海的世界。

12 岁以后
孩子的独立性格愈发强烈，越发希望拥有自己的私人空间，阳光儿童房让孩子更加独立自主。除了学习功能和保持睡眠外，家长可以采纳孩子意见，助其打造个性化的生活空间。

除此之外
为防止儿童撞伤，家具均边角圆滑；
为避免柜子倾倒砸伤孩子，均以防倒挂钩或固定在墙上的方式安装；
抽屉柜门安装阻尼缓冲或儿童锁；
插座加上防误触保护，尽量不放置插线板，并设置水电安全锁；
放置收纳箱、置物架和小推车，方便取用的同时，从小培养孩子的收纳习惯；
……
在细节处理上，方直别具匠心。

是否想过让孩子从小便拥有一个独立空间？

❯ 亲子陪伴空间

承载亲子陪伴的共同记忆，关注孩子在多元多彩环境中的成长。

客餐厅的开阔到底，让做饭多一份陪伴

将客厅设计为一个开敞的亲子空间，拆除客餐厅和阳台之间的多余墙壁，纳入阳台面积，一个更加宽敞通透的客餐厅场域油然而生。餐岛一体结合餐边柜，有效缓解厨房的收纳和轻食制作的压力，让孩子与父母有更多在一起的时间。

户内功能的优化，打造闲暇共乐的亲子间

利用房间内的拐角，设计独立储物间，底层摆放玩具，高层摆放清洁用品等；室内中心布以长桌，可以亲子互动娱乐，也可以辅导学习。

示意图

亲子故事

餐厅、厨房和客厅打通的大空间，是家庭成员相处最有趣的时光。

不会走路的弟弟把客厅的懒人沙发变成了大玩具，翻滚攀爬随意撒欢；姐姐在未放上佳肴的餐桌上做着作业，跟妈妈说着学校里发生的趣事；妈妈在开放式的厨房里，用锅碗瓢盆完成多幅艺术品，一边听着姐姐分享的学校趣事，一边看着爸爸逗着弟弟笑开了。

开放式的亲子陪伴空间，家长多点安心，孩子多点陪伴。

生活沉境场
SHENG HUO CHEN JING CHANG

❷ 对于少年而言，谁不想自己的家就是一处游乐园呢？

游园之境

放学后，一路飞奔回家，
生态花园里的蝴蝶飞舞着翅膀，孩子们与蝶共舞。

鸟儿停在路边，朝着穿梭在柔软的大草坪上的孩子，叽叽喳喳地呼喊，
社区的游乐园，男孩们嬉戏打滚，你追我赶，捉迷藏、踢皮球……不亦乐乎。
奔跑穿过四季果蔬园，还能闻到花果香，
鸟语花香与孩子们共谱出可闻、可触、可观、可尝的音律，
……
孩子们的游园之境，
就是沉境于"家"这个大游乐园。

效果图

❸ 想过儿童成长对生活场的需求吗？

共享之境

以"安全性、游乐性、趣味性"为核心，结合社区景观，将亲子乐园、科普菜园、绿动活力场、森林图书馆、儿童活动场地形成一条社区与家之间安全、健康自然的动线，为儿童设置丰富多彩的活动场地，满足儿童爱探索的天性。

◈ 绿动活力场

每一个童年梦想，都应该肆意绽放。
充分考虑 0~12 岁儿童的心理特征，根据不同年龄段的儿童活动需求，分龄打造幼龄、中龄、大龄儿童专属游乐空间，满足儿童不同阶段的成长需求。

幼龄区
0~3 岁的幼儿阶段属于孩子的启蒙阶段，配备秋千、回音玩具、攀爬网等设施，增加儿童与家长的互动互励，引导孩子感知空间、认识自然现象。

中龄区
3~6 岁的儿童开始独立探索，富有好奇心和创造力。配置滑梯、沙池等满足孩子探索、好奇心的活动区域，培养孩子的探索、求知的精神。

大龄区
属于 6~12 岁的大龄儿童游乐场地。通过设置较大型的组合器械和复合的空间场地，让孩子在发起挑战、克服困难中开发更多的潜能。
针对 12 岁以上的青少年，以体育科目达标为需求，打造竞技球场，及多功能运动环境，满足青少年的多功能运动需求。

生活沉境场
SHENG HUO CHEN JING CHANG

在细节处理上,贴心守护每一位
1. 儿童活动和家长看护区域考虑布置遮阳区域。
2. 硬景及设施保证无尖角;设置儿童专用洗手池。
3. 设置童车停放区域。
4. 植物品种宜选择花卉、叶型特殊、多色变色、芳香类植物。吸引鸟类及昆虫驻足,减少落叶落果类植物,避免儿童误食,不得种植带刺、飘絮植物。

效果图

● 森林图书馆

以"阅自然,趣成长"为核心,将阅读与园林结合,打造室外阅读场地,让生活更有温度。

在这里,你可以阅读书籍、分享故事,也可以学习知识、涂鸦玩乐,
还可以捐赠图书,共建属于大家的森林图书馆。

◎ 亲子看护空间

利用架空层打造遮风挡雨的亲子看护空间，形成家门口的儿童乐园，让孩子享受欢乐童年。

◎ 亲子分龄泳池

闲暇时光，尽情享受水光沁润的美好。

室外泳池满足大人及小孩不同的需要，将成人池设计为深水池 1.2~1.4 米，儿童泳池及嬉水池设计深度为 0.3~0.6 米，让安全多一分，亲密更拉近一点。

泳池区设置了更衣室、消毒池、淋浴池等配备，周边利用绿化、地形等软性隔离开来，并独立管理，提供安全舒适的室外畅游及休闲的独立空间。

效果图

❹ 邻里社群活动，激发更多可能

"心中的美丽家园"
儿童绘画评选大赛

小业主们发挥童思妙想，
用画笔描绘出心中家的模样，
定格美好家园。

"童真童趣"快乐六一活动

每年六一，社区都会举办与"鱼"同乐、跳蚤市场、沙包投掷器等一系列有趣的亲子互动活动，家长与孩子共赴一场与快乐成长有关的童梦盛宴。

红色学习之旅

社区多次开展小业主红色学习之旅，引导小业主感怀先烈，在观摩中学习先烈们不怕困难、顽强拼搏的革命精神。

小小业主体验营

连续多年在暑期举办体验营，包括职业模拟、农耕体验、文艺汇演等活动，让孩子体验成长的喜悦，收获快乐的回忆。

绿色公益活动

培养小业主爱护自然、节约环保的观念和实践能力，支持低碳发展，共享绿色生活，共筑美丽家园。

生活沉境场
SHENG HUO CHEN JING CHANG

青年
Youth

多元能量的磁力场

磁力场中存在着一种看不见、摸不着的特殊引力，让人与生活沉境场息息相关，人与人相互吸引。

这里可以满足青年一代对安全、隐私、时尚、文体娱乐、社交等多元需求，每个青年都可以沉浸在磁力场中，释能也能蓄能。

❶ 什么是舒适科技的宅家？

栖居之境
科技居家，赋能幸福生活

随着 5G 技术、物联网、人工智能等智慧科技的出现，人们的生活方式发生日新月异的变化，特别是青年一代，吃饭、睡觉、工作处处离不开手机，手机为生活带来了巨大的便利。

因此，方直将科技应用融入生活，引入居家场景，通过将家中各种设备与手机终端连接，让一切尽在掌控，为人们带来更加便捷、舒适的生活体验。

✿ 入户门刷卡锁
严格的安全入户系统，多重保障；刷卡到户、密码锁、机械开锁，三重门禁系统；防陌生人进入、防盗，保护家中安全。

✿ 可视对讲系统
主人不在家时，也能通过远程系统，随时识别到访人员，判断是否开门，对于家中老人和小孩起到极大保护作用。

✿ 入户感应灯
入户玄关处，人性化设置了感应灯。晚归时，开门即见亮光，节能又方便。

✿ 安全一键断电
一键断电，将室内电路分成两个部分，一部分确保冰箱等常用电器 24 小时供电，另一部分照明实现安全断电，更加节能、安全。

生活沉境场
SHENG HUO CHEN JING CHANG

✿ 门磁报警系统
当有非法闯入，家庭主机自动报警，管理主机会显示报警地点和性质，便于业主及物业及时应对，避免损失。

✿ 室外环境探测显示
户外设置环境探测器，实时测量室外环境参数，包括空气质量、温湿度等，为出门做足准备。

✿ 智能家居
电动窗帘：配备智能窗帘、减少传统窗帘的噪音，一键开关窗帘。空调、地暖、新风智能控制，持续保持室内的空气清新。

✿ 智能家居魔镜
变身智能管家，随时查看热点新闻、路况信息、日程安排等，也可以实时了解天气状况、穿衣指数以及外出注意事项，让生活有章可循。

示意图

画境
HUA JING

270°景观环幕，纵享生活丝滑

享受清晨的第一缕阳光，开启活力满满的新一天；
午休时暖暖阳光，一杯咖啡、一本书，抛开世间纷扰沉浸其中，
放上几个松软的垫子，看窗外或阴、或晴、或雷、或雨。
极好的视野与阳光，让客厅更加通透，宽阔的阳台，让家庭更温馨；
用开阔的物理空间打开生活的视野，拓宽胸怀、心境与情怀。
无论是春生夏长，还是秋收冬藏，四季交叠，美好生活无限。

现代生活典范

方直·星耀国际，地处金山湖湖心岛，主卧全景飘窗，揽景入室，
享受超凡视野，拥有180°~270°江湖景观视角，湖景园景双享，
洋溢轩昂气度。

方直·星耀国际

生活沉境场
SHENG HUO CHEN JING CHANG

N+1 的百变空间，遇见生活的多种精彩

以人的"居住场景和生活成长"为原点，根据人们不同阶段的生活方式及生活习惯，因需而变，让户型更具灵动性与成长性，满足多元生活场景。

+1，给生活多间储藏室
将这个灵动的空间作为主卧的一部分，变成一个大的储藏间，或者衣帽间，日用品、衣服、被子、箱子等物品都可以存放在这里，给生活更多居住空间。

从推门经过衣帽间，到主卫，形成一个入口玄关，最后到达卧室，储存室、衣帽间、卫生间一应俱全，提升了整个主卧的档次。

+1，给生活多点运动
根据自己的需求或者运动方式购买合适的运动设备，比如：哑铃、跑步机等，打造专属的个性化健身空间。

+1，给生活多点 Party
有 ktv 的氛围，有星空影院的效果，有与朋友的聚会空间……

+1 的百变空间，满足你的一切想象。

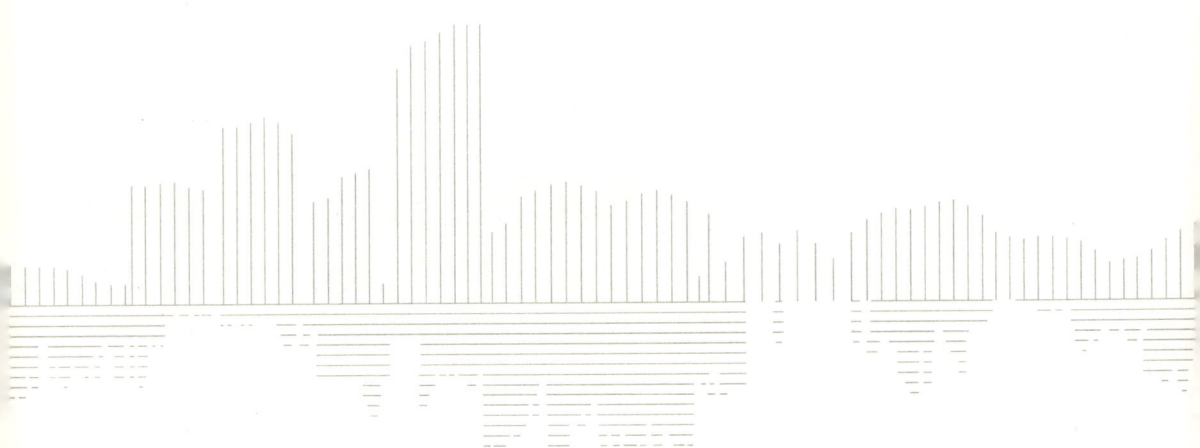

❷ 想过一进入社区，便有家的氛围吗？

游园之境

● 幸福归家路
每一次归家，都是一次充满仪式感的智能归家。
在互联网、物联网、大数据、云平台等新技术的加持下，将智能化设备落地于社区，从入口中轴、入口广场、入口水景，再到住户入口，制定安全舒适的归家动线，让回家仪式更具尊崇感。

立面，归家的第一道风景线
现代简约：简约大气高级；
现代 Art-Deco：艺术气息，装饰感强；
新中式：地域人文，归家礼序。

社区智能门禁系统
（1）访客管理系统，访客可在线预约，经业主和物业确认之后通过身份证或者智能识别方式进入小区。
（2）社区大堂设访客区域，突发情况可临时改造成清洁通道，增加成像监测、雾化喷洒等，确保安全隔离。
（3）访客可视对讲：在家便能邀请好友居家做客。

生活沉境场
SHENG HUO CHEN JING CHANG

实景图

入户景观

选用入户点景树、矮墙和绿化组团，配合特色灯具，形成入口亮点。不论是访客来访，还是住户回家，都能体验到极具仪式感回家之路。

下雨天没带伞不要紧，可以停留在门楼下遮风避雨，等待贴心的保安雨中送伞。

门楼作为景观会客厅的一部分，给来访的客人一个暂停等待的区域，也是业主休闲洽谈聊天的好去处。

❸ 在会呼吸的空间里，什么是最自在的社交形态？

共享之境

共享餐厨、露天烧烤、露天影院、爱宠乐园，紧扣年轻人的社交需求，在生活沉境场便能沉境式体验聚会场所和氛围；阳光草坪、室外球类场地、恒温泳池、运动加油站，足不出社区，便能沉境式享受健康运动的生活。

共享之境增加社区邻里人们的见面次数，增强社区交流感，让生活更有爱。

● 共享餐厨

聚合美食与厨艺爱好者，提供技能展现的新空间，
这里不仅让爱烹饪的人大展身手，
也是厨房小白跃跃欲试的秘密场。
这里不仅有美食，
更有美食分享会、美酒鉴赏会、行业交流会。
在这里，人们会爱上烹饪，爱上生活。

● 露天烧烤

这里有吃、有喝、有乐趣，
安全、省心又健康。
你可以选择与三五好友来露天烧烤，
也可以与街坊邻居品美食，赏风景，分享趣事。
这里是一个亲子间、邻里间、朋友间、陌生人间交流的平台，
是一起共度悠闲时光的好地方。

生活沉境场
SHENG HUO CHEN JING CHANG

◉ 露天影院

傍晚时分，天色渐暗，
蝉鸣聒噪，微风拂面，
与家人、朋友在小板凳上排排坐，
或直接在阳光大草坪上席地而坐，
等待着经典老片，
或是动漫、教育、科幻等各类电影的播放，
不仅丰富居民的精神文化生活，
还可以共叙邻里情，为生活增添乐趣。

示意图

◉ 爱宠乐园

为宠物定制专属乐园，解决宠物活动需求；
在这里，铲屎官们与爱宠们可以结新友、会老友；
可以畅享经验之谈，过温暖惬意的生活。
不仅如此，爱宠们欢聚一堂，
可以享受生日狂欢，参加爱宠运动赛，
或者评比爱宠中的"超模"……记录爱宠与自己一起生活成长的点滴。

效果图

画境
HUA JING

❹ 兴趣社群，知己就在身边

方直在社区创建共享互助、其乐融融的社区邻里氛围，从"最熟悉的陌生人"到"最近的亲人"，业主只需迈出一步。

爱宠运动会
让宠物也结交一些新友吧！

邻里电影节
简单生活，享受不一样的观影体验。

邻里烘焙节
厨艺 PK 大赛，谁与争锋！

生活沉境场
SHENG HUO CHEN JING CHANG

中年
Middle-aged

优雅考究的秘密花园

秘密花园是美好的心灵花园，这里诗意静好、优雅考究，是抚慰精神的心灵净土。在这里，每个人都拥有充满仪式感的归家与居家氛围，可以享受稳定卓越的品质生活，获得归属感、认同感、尊荣感。

这里不仅是家的栖居地，也是沉境心灵的秘密花园。

画境
HUA JING

❶ 糅合空间与时间，触发"家"的费洛蒙

栖居之境

● 6米阳光
阳光与和风，是一个家的温暖的重要因素。方直在户型设计上，强调中国传统的"南向"，保障户户南向，景观资源的均好性，光是一切美好的起源。"6米阳光"是方直为家注入的最好尺度，站在屋子中间，能够呼吸窗外花草的芬芳，向前迈进一小步，就是6米的阳光。

专利户型
四宫格拼合点式住宅和纵向延展的飞机型点式住宅：
以科学的规划，保障超90%的户型南向分布，让通风、采光实现均好性。

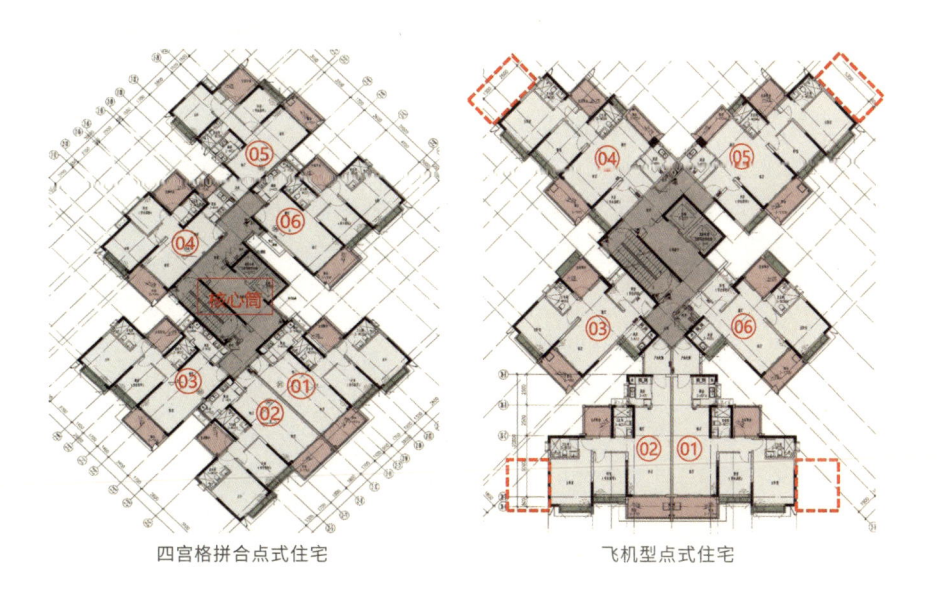

四宫格拼合点式住宅　　　　　飞机型点式住宅

生活沉境场
SHENG HUO CHEN JING CHANG

❯ "舒享乐居"之神奇储物
全屋收纳体系，缔造轻奢美学空间。

方直在业主需求上作了细致的划分，匹配其喜好和家庭结构，尊重业主空间使用习惯，运用轻奢简约的设计手法，建立全屋收纳体系。

全屋收纳体系分为六大空间：复合玄关收纳、中西厨收纳、客厅收纳、主卧收纳、主卫收纳、阳台收纳。每一个空间都各司其职，让家里始终井然有序。

复合玄关收纳
通过立体式收纳节约空间，干净易打理。

- 在维度上分为脏区、净区、半净区
  脏区：外套收纳、旋转鞋架、常用鞋等收纳，取用更方便。
  净区：居家衣物收纳、行李箱、玩具等收纳，归类物品，出入不忙乱。
  半净区：智能魔镜、洗手盆、消洗用品、口罩、湿纸巾等收纳。

- 在结构上，分为上中下层，摆放不用的物品
  上层：较高可放置不常用的工具箱、换季的鞋等。
  中层：开放式收纳台，放置使用频率最高的手机、钥匙、钱包三件套。
  下层：设置收纳鞋柜，避免灰尘、细菌带入家中，让家更干净整洁。

洁净归家

外出归家后，先将外衣鞋子放置在脏区收纳柜，再去半净区洗手清洁，将用过的口罩及湿纸巾扔入纸篓，最后更换好家居服，进去室内。
家长还可经过家政动线把采购的物品分类储藏，孩子们则通过访客动线直接到客厅玩耍，实现高效收纳，脏净分离、动线分离。

中西厨收纳

厨房细节保证饭菜品质，趁手的小工具是烹饪好帮手。通过采用面板抗污、防潮、耐腐蚀的抽屉收纳及一体化集成橱柜，增添更多收纳空间，让油、盐、酱、醋、茶分门别类，放置井井有条，取用更方便。岛台双面站立设计，预留轨道插座、隐藏插排，允许多台电器同时使用。

客厅收纳

灵活多变的公共空间，让家人共处时间增多，相互陪伴又互不干扰。为让客厅兼具美观度和收纳双重功能，将一面墙体规划成高低不同的装饰柜，预留开放式收纳格；另一面墙体，打造展示型书柜，让生活交织在现代美学与书香气韵中。

主卧收纳

卧室宽敞明亮，采用飘窗设计，延伸居住空间，在保证边界感的同时，父母可以陪伴小朋友，享受亲昵时光；在窗边搭建写字台，享受在开阔的视野下，放松身心地处理工作。

根据男女衣物款式、置衣习惯等不同需求，组织变化空间格局，如针对男士采用不同高度的隔层或抽屉，存放领结等，对于女士则考虑大而完整的隔层空间，用于放置包包。

主卫收纳

卫浴收纳柜：双台盆设计，兼顾不同生活习惯，共用无压力。镜柜收纳，杂乱小物立马整洁；洗手台盆下柜设置离地空间，马桶处设置电源插座，淋浴房设置凹龛，丰富住宅收纳功能，生活再也不用瓶瓶罐罐的一堆。

阳台收纳

高区用来存放清洁用品，同时预留空间做无异味的瓶罐、有害垃圾分类存放，中区设置为悬挂区，悬挂抹布和小件衣物，底部用来放家电，并预留电源插座、水管、排水口给洗衣机、烘干机等家电。

无论是囤积洗洁用品，还是林林总总的宠物罐头，又或是园艺工具、清扫用具等，这里统统装得下，阳台收纳让家务轻装无忧。

生活沉境场
SHENG HUO CHEN JING CHANG

❷ 进入社区的那一刻，深吸一口新鲜空气，心已归家

游园之境

在通勤归家路上，进入迎宾主入口的那一刻，
便从嗅觉、触觉、视觉等感受转换情绪，怡人归家。

● 智能化归家路线

采用人车分流，开车直接进入地下车库，归家更为便捷高效。

智能行车路线
通过车牌的自动识别便可得到道闸的自动放行，避免社会车辆进入的同时，便利业主通行。

智能行人路线
人行通道闸人脸识别，自动打开。即便双手拎着东西，也无需手持刷卡验证，进出更自由。

● 景观车库

地下车库的上方结合室外景观设置采光天井，引入自然光。
抬头仰视，定格住外界的天空、建筑与树梢，形成一幅四季变化的景象。

● 地下入户大堂

穿过有艺术景观的地下车库，进入宽敞明亮、智能便捷的地下入户大堂，
自在的温馨感仿佛已置身家中，工作的疲惫感一挥而散。这里充满家的礼序，
同时也彰显着您的尊崇身份。

● 绿色氧吧

因地制宜，多维造景，怡人宜居。

季相色谱，捕抓时光
通过植物营造，给家园四季增添不同程度的绿色景观，
实现春华、夏荫、秋英、冬绪，感受四季变化。

感官体验，审美情趣
在看护区、休息区，种植观赏类植物，并挂上植物铭牌，
休息之余还能认识植物，了解植物特性。

多位造景
多层次植物搭配的绿化景观，给业主感受绿意满盈的归家体验。
林荫静谧的"氧吧"空间，让业主停留休息，也可以与邻居聊天、下棋。

多重绿化

第一重，高 7~10 米，大乔木
第二重，高 4~5 米，乔木、大灌木
第三重，高 2~3 米，小乔木、灌木
第四重，花卉、小灌木
第五重，草坪、地被

生活沉境场
SHENG HUO CHEN JING CHANG

多位造景——疏林草地

把阴凉舒朗的林下空间还于居者，让业主在林下乘凉。同时也在凌凌冬日阻挡寒风。在大树的庇护下，不论春夏秋冬，户外活动的自由度大大增加，让社区空间更有"呼吸感"。

实景图

多位造景——地形塑造

方直致力于打造"家门口的公园"。遵循"尊重自然，还原生态"的理念，保留原有地形，充分利用高差条件，打造多重的立体空间体验，如抬高泳池、架空层打造活动会所等。

地形塑造

❸ 一个有人文关怀、有温情、有热爱、能释放思想的共享空间是什么样的？

共享之境

邻里会客厅、独立会所……是生活的延续，是停靠的第二港湾。
拥有相似爱好、艺术品味、热爱生活的人，可以坐在休闲廊架里、
躺在阳光草坪上、靠在林荫树旁，舒缓压力、放下戒备，与身边人交换理念、
分享故事、感知生活的幸福，共同奔赴理想。

◈ 邻里会客厅

利用入户空间、滨水空间、花园、登高面等空间，打造尺度适宜的亲和社交会客厅，促进邻里交流。将活动锻炼区域，贴心设置为下楼即能方便散步，有更好的居住体验。

廊亭是会客厅的首选
廊亭设置在阳光草坪与泳池的旁边，满足人们动静结合的休闲需求。
将半私密、亲和的邻里花园、休闲廊架、户外家具及廊架旁的林荫树等景观构筑成景点，以此搭建生活场所的交汇点。这里是一个温暖惬意的社交场所，可以发呆闲聊、吹风赏景，阅读品茶。

树下广场、组团内花园、登高面作为会客厅
通过日照分析，将邻里会客厅搭建在树荫下，提供冬暖夏凉的林下空间。利用登高面构建集运动与休闲的空旷场地，再辅以林下绿化，让四季都有景有色。
听着鸟语，闻着花香，便能沉境而心旷神怡。

生活沉境场
SHENG HUO CHEN JING CHANG

◉ Fun享会所

洽谈区是心有灵犀的沟通，
运动区是酣畅淋漓的挥洒，
咖啡厅是醇香时光的流逝，
多功能厅是随心所欲的选择，
阅览室是灵魂深处的共振……

实景图

◉ 第二会客厅

涵盖会客区、儿童天地、迷你书吧、乒乓游乐馆、风雅堂……
不同年龄段的人，都能在此找到属于自己的天地。

◉ 金钥匙管家

将物业与酒店服务融合，打造高端物业服务社区。导入私人定制版社区服务体系，从健康水配送、衣服送洗、文印影印、到户维修、房屋置换、智能家居、社群服务重重铺展，为人们提供更多个性化服务。

金钥匙管家服务不仅具有良好的服务意识，还兼备极佳的业务素养与精神风貌，以用心极致的服务，为每一位住户带来满意与惊喜的温度体验。

◉ 多功能活动区

环形跑道：以环形跑道串联社区运动系统，结合多重绿化打造专属"慢跑道"。途经热身区、调整区、休息放松区、多功能活动区以及沿途的园林美景，让运动与景观互融共生，满足人们强身健体、释放压力、回归自然等需求。

同时，跑道增加了照明、标识等细节设计，照亮夜跑之路。

❹ 温馨社群，客户至上

花式礼献，臻情母爱

准备时尚舞台秀，为妈妈和孩子提供展示风采的舞台。
此外，还会送上美丽的鲜花，以爱之名，致敬伟大母爱，轻启温情时光。

业主运动会

主张健康的运动方式，设置各种趣味项目，让业主结识交友，在运动中挥洒换水，让勇气、友情与拼搏碰撞。

生活沉境场
SHENG HUO CHEN JING CHANG

长者
The Elder

心旷神怡的绿氧庄园

绿氧庄园是繁华都市中难得的舒适享乐空间。

在这里，长辈们可以沉境于绿氧庄园，赏美景、品美味、健身娱乐、遛狗、打拳、下棋，养花观景……心旷神怡地享受永不褪色的时光。

❶ 出门在外，放心父母独居的家是什么样的？

栖居之境

父母的身体健康是我们在外工作始终的牵绊。
父母远比我们想象中脆弱得多，
习惯了报喜不报忧的他们，
遇到麻烦时，也会措手不及、孤立无助，
遇到突发疾病时，却可能无法第一时间求救……
生活沉境场打造健康住宅，适宜老年生活，
同时解决子女的后顾之忧。

示意图

生活沉境场
SHENG HUO CHEN JING CHANG

● 全屋净化

从室内的空气净化、水质净化、材料净化到噪音净化，打造健康住宅，
运用简单又智能的配置，适老颐养。

空气净化
套内采用新风机，除霾、除菌、除甲醛；卫生间采用双密闭防臭地漏，空气除臭。

水质净化
采用低铅龙头，进户水管设置前置过滤器和直饮水机。

材料净化
严选品牌建材，采用环保工艺装修，选取防霉防潮、防滑防辐射、耐磨耐污的材料。
1. 使用不低于国家 E1 标准的低甲醛板材。
2. 乳胶漆采用防霉抗裂产品。
3. 橱柜洗菜盆底板、侧板和浴室柜体做防水处理。
4. 木地板采用绿色环保材料、厨房选择环保耐污地板。

噪声净化
对楼板、墙体、门窗、排水、设备、景观等均进行降噪处理，打造安静舒适的居家氛围。
1. 建筑入户门、外门窗符合隔声降噪要求。
2. 户内木门选择降噪配件。
3. 当内隔墙采用预制墙体时，采用隔音降噪措施。
4. 电梯不与卧室、起居室紧邻布置，若紧邻采取有效隔声措施。

● 防滑浴室

为避免地面湿滑，出现不必要的伤害，针对有需要的人群打造防滑浴室，增加安全的防护空间。

防滑砖
采用正面有褶皱条纹或凹凸点的防滑地砖，以增加摩擦力，防止打滑摔倒。

防滑扶手
安装防滑扶手。当意外发生时，可以拉住扶手借力起身，避免摔倒。

无障碍洗漱台
调节安全抓杆、感应洗手液、厕纸盒、放物台至最佳位置，让生活更加舒适安心。

实景图

生活沉境场
SHENG HUO CHEN JING CHANG

● 紧急按钮

设置紧急按钮，随时呵护家人的安全。
一旦出现紧急情况，及时按响求助，
不管是应对强行入室、疾病急症，还是突发滑倒等，
家人都会最短时间收到父母危险信号，
管家也会立刻接收到求救信息，
以最快的速度赶至现场。
一键紧急呼救按钮，安全、便捷、放心，是居家的安全屏障。

● 防忘厨房

做饭忘记关火，外出忘记锅上还炖着东西，接电话时锅烧干了……
这些都是火灾的隐患。
如果家里有上了年纪的老人，
有没有担心过这样的事？
生活沉境场专注厨房安全保护，
为独居老人打造防忘厨房。

实景图

画境
HUA JING

❷ 繁华中，一片闲适的有氧绿地是什么样的？

游园之境

❯ 养生园林

坐拥繁华，清水绿意；休闲在家，观景养生。
公共绿地，喷雾景观，芳疗植物，四季养生园林，
足以颐养天年。

写意中方，造景中轴；细琢毫厘之间、精研自然雅趣。
五重景观，绿树成荫，繁花如锦，立体铺陈；
是艺术、自然、舒适、写意的，
更是具有闻、看、听、触、感五重感官的。

以丰富、珍贵的乔木植被配置，
铸造有如森林一般繁茂浓荫的密林画卷，
实现了从城市喧嚣过渡到闲适生活。

❯ 防摔步道台阶

为保证不同年龄段的出行顺畅且安全，
让长者享受天伦之乐。

生活沉境场
SHENG HUO CHEN JING CHANG

社区故事

01   7:00—10:00 下楼晨练

老林出门到楼下的综合活动区打了一会太极，使用健身器材活动筋骨。

02   12:00—14:00 安静阅读

午饭后，老林来到了楼下的阅读花园，新鲜的空气和安静的环境正适合阅读，他感到十分放松。

03   15:00—16:00 陪孩子玩

下午老林接孙子放学，经过儿童活动区，孙子看见有许多小孩在沙地玩，便嚷嚷着玩一会儿再回家，于是老林坐在看护区陪着孙子玩耍。

画 境
HUA JING

04
17:00—18:00
社区活动

临近傍晚老林儿媳妇下班回家，正赶上社区举办的草坪瑜伽活动，大面积的草坪很适合举办社区集会。

05
19:00—20:00
球类活动

吃完晚饭的老林一家，在综合活动场碰见了邻居在打羽毛球，收到邀请便欣然的加入他们。

06
21:00—22:00
夜跑

傍晚，老林儿子来到了慢跑热身区为夜跑做准备，热身区有储存柜和洗手台，1000 米跑道配备了照明灯带，为夜间跑步提供了便利。

79

生活沉境场
SHENG HUO CHEN JING CHANG

❸ 活出精彩，永不褪色

共享之境
注重社区安全防护设计，打造舒适健康的老年康体活动场地。

▶ 安康泛会所
利用架空层，打造社区共享交流空间。根据活动能力的不同划分区域，配置一系列娱乐项目：廊下棋盘、太极场、健身器、茶室等。此外，活动空间设置防滑防摔措施、无障碍通行等适老化的设施，保证使用安全。

▶ 颐养天年场
为长者打造专属的活动区，设置健身器械、休闲座椅、健康步道、阳光草坪，让长者在悠然的环境中颐养天年。

效果图

❹ 互动社群，与生活共美好

太极拳、象棋、乒乓球、书法书画、摄影、赏花游园……
在这里，都可以找到志趣相投的莫逆之友，体验美好生活。

示意图

多元触点构建，塑造标杆产品

湾墅系——方直·珑湖湾（惠州）
中央湖湾别墅区

方直·珑湖湾规划总建筑面积约 80 万平方米。项目位于惠州最具升值潜力的核心高品质住区——金山湖湖心岛，坐拥 356 万平米稀缺生态资源，既有城市中心的便利，又享优质自然景观，奢享国际级豪华生活配套，世界级岛居全景展现。五层坡地造景，甄选 300 种植物，创造丰富层次的立体园林。充分考虑三口之家和四世同堂对空间的需求，打造兼具栖居、游园、共享之境的理想居所。

实景图

天颂系——方直·星澜（东莞）
深北中轴·公园美学家

方直·星澜地处深北中轴的东莞观澜片区，紧邻莞深高速大坪出口，半小时即达深圳城市中心，交通网络轻松畅达广深港。

方直·星澜以"公园美学家"为项目定位，外有国家 5A 级观澜湖高尔夫会所、大屏障森林公园、国家 4A 级观音山公园以及黄牛埔森林公园等四大生态公园，内设感官公园、运动公园、艺术公园三大主题公园盛景，为居住增添更多的舒适之感。社区整体规划以阶梯式布局，小高层点式排布，每栋尽享 270° 景观视野。

铂雅系——方直·谷仓府（深圳）
坪山芯·地铁口·河畔公园综合体

方直·谷仓府位置优越，是由深圳谷仓吓片区通过城市更新改造而来，实现了从旧到新的转变，以全新的城市功能提供更好的品质生活。

方直·谷仓府传承当地文化，以"宜居之地，人与自然和谐共生"为设计理念，打造邻里和睦共处的社区，让谷仓世居代代传承。

方直·谷仓府规划一公里生活圈，内部设有完善的住宅、幼儿园和 2.68 万方社区商业等多元配套。

效果图

生活沉境场
SHENG HUO CHEN JING CHANG

铂雅系——方直·彩虹公馆（中山）
城市院居生活大成

方直·彩虹公馆地处粤港澳湾区核心中山城区，凭借其"南联北拓"的区位优势，打造集生活、居住、商贸于一体的全新城央高端居住区。

项目倾力筑建生态景观公园，打造"三公园一湖一馆一中心"的产品内容体系，生活在家仿佛置身公园之中。

方直·彩虹公馆在社区园林打造上，以凤引虹霞、星光闪耀作为园林景观轴，演绎现代精粹的五重立体花园。将景观与建筑融为一体，致力于为城市精英人群或三口之家，提供层层叠进的园林归家礼序，同时，让居住者沉境于城市院居的温馨烟火气，乐享城市礼序生活。

效果图

乐风系——方直·西岸（珠海）
优悦生活范本

方直·西岸地处珠海未来科技产业基地。项目自然环境优越，东有江景南有山景，周边更有丰富的教育资源，幼儿园、小学、中学和高中一应俱全，医院妇幼保健院也近在咫尺。

方直·西岸在定位初期即以"未来生活范本"为目标，围绕"美学、优越、活力"三大关键因素，链接一站式生活配套资源，让人们享工作、居住、休闲皆在身边，充分享受生活的时尚便捷。

建筑设计上，采用新材料、新结构，塑造了符合当下年轻人审美的都市现代风格；园林上，以"活力园林"为主题，在驻足停歇或是运动休闲间，均能感受自然与生活的美好；生活上，设置了多个生活沉境场中共享之境的交流体验地，更是以智能性和便利性为要点，提供高端物业服务，营造现代科技生活的氛围感。

X系列——方直·山林时光（肇庆）
鼎湖山鲜氧森林旁·生态舒居新范本

方直·山林时光，位于半小时广佛肇生活圈，优享大湾区一小时生活圈。

方直·山林时光在鼎湖山鲜氧森林旁，运用山林、水资源让居住者在闹市中寻觅静谧生活，打造都市人的"轻生活·慢时光"生态度假居所。

03
臻 境

凝心聚力,构筑理想生活

四大板块，协同发展

方直深耕粤港澳大湾区，是一家集地产开发、投资运营、物业管理、实业四大业务板块于一体的综合型企业集团。以"心建你生活"为核心理念，方直旗下设方直地产、方直投资、方直心生活服务及方直实业公司，四大集团相互促进，协调发展，深入每个细节，专注为居民打造理想生活。

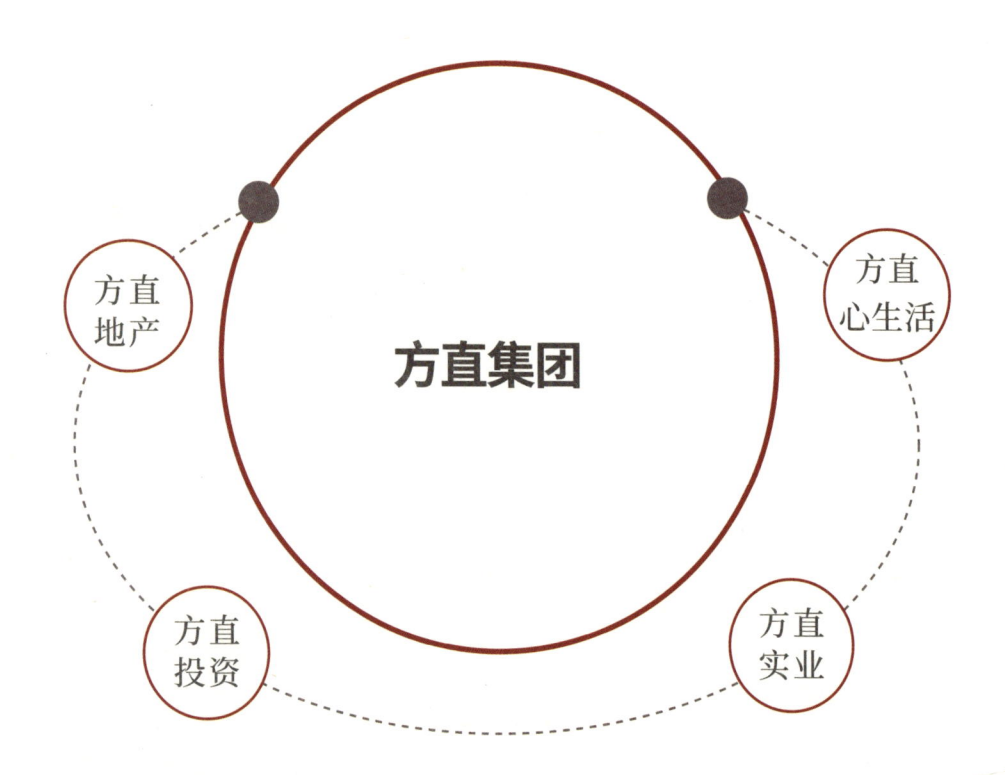

方直地产　方直心生活　方直集团　方直投资　方直实业

方直投资：智慧新城运营者

方直投资，以广州、深圳为核心，重点部署粤港澳大湾区重点城市，发展产业投资、文旅商业、氢能源等。秉承专业化与精细化的运作，以规划设计的视角从城市空间的形态、功能、规划编制等，为城市升级提供适宜的发展模式与方法，引入新兴产业，为城市的更新和服务配套的升级助力，促进城市、产业与人的和谐共生。

文化旅游：实施国家乡村振兴战略，发展生态农业观光

方直将文化保护、农业观光和生态旅游自然地结合起来，打造以生态开发为宗旨，集旅游观光、休闲娱乐、度假居住、健康生活、科学研究、种植养殖为一体的度假小镇。

文旅项目：方直·大泉山海（阳江）田园梦工场

方直·大泉山海大型文旅项目，将分期打造总规模超万亩，以生态度假为核心，辐射旅游、养生、文化、第一产业，构建集休闲农业、旅游养生、主题娱乐、文化教育于一体的示范级生态旅游综合体。

大泉山海项目充分利用阳江市阳西丰富的山、水、林、海的生态资源价值，依托"广东省古村落"古建筑、古树、海上丝绸之路等历史文化资源，以咸水矿温泉、红树林等自然生态资源为核心，并挖掘渔海产业文化价值，在产业上与阳西传统的种养殖产业相结合，规划岭南古村文化体验区、渔海文化度假观光体验区、山海度假旅游区、渔海产业与红树林生态观光体验区四大主题百余个亮点项目。

生活沉境场
SHENG HUO CHEN JING CHANG

科工产业：创造无限生活，提升场景体验

方直科工聚焦数字智造、碳中和及幸福产业等领域，为高成长性科技企业和创客打造科创谷、智造港、创想家等科技产业综合体产品系列，并以全新的"孵化＋创投＋社群"产业运营理念和"Office Street"产品设计理念，提供"投 - 融 - 管 - 退"一站式全生命周期服务。公司目前已签约及规划科技产业综合体项目 6 个，分布于深圳、广州等粤港澳大湾区核心城市，总产业资产管理面积超 200 万平方米。

商业运营：精准定位打造丰富的体验平台

方直商业运营以现代服务业为主，在管理运营的有综合体、社区商业、酒店、写字楼等类型的商业项目。方直商业深度解析目标客群需求以实现精准定位，着力于做真正的客户体验平台，在空间设计、业态引入、营销推广、客户服务等各个环节持续优化，不断提升客户场景体验丰富度。

实景图

臻 境
ZHEN JING

G·Park 星耀国际

佛山 G·Park 位于珠江西岸门户重镇，紧邻广珠城轨容桂站，12 分钟即可到达广州南站。并以容桂站为核心，拥一城轨一地铁，三横三纵三高速九大交通要道，四通八达的网络通达湾区九城，形成交通枢纽中心，形成 TOD 核心价值点。

方直将 G·Park 规划打造成集商场、公寓及办公于一体的大型 TOD（transit-oriented development）商业综合体，涵盖现代 BLOCK（business, lie fallow, open, crowd, kind）街区、艺术派商业空间、花园商业街区等沉境式体验区，将形成 TOD 人流高地，旨在打造成为佛山商业的新标杆。

效果图

生活沉境场

商业广场

● 方直·邻里汇：以解决最后 1 公里为核心定位的社区型商业

方直·邻里汇围绕社群、邻里文化展开，以解决居民"最后一公里"为核心定位的社区型商业。方直邻里汇独创"3+1"亮点功能，即满足饮食与生活用品所需，营造业余精神生活，提供配套增值服务，外加创造（物）互联网平台。

● 方直广场：金山湖首席城市综合体

方直广场零距离私享金山湖生态资源，周边名商林立，是汇聚休闲、购物、居住为一体的顶级滨水综合体。项目集商场购物、酒店、公寓、一线滨水住宅为一体，是惠州金山湖单体建筑面积最大的区域性新体验购物中心。

方直·亚汀酒店

亚汀酒店是方直旗下首家自营高端酒店。酒店位于惠州市中心，按照国际星级标准打造，是惠州市第一家 Loft 复式酒店。

亚汀酒店拥有各类客房、行政套房、Loft 复式客房、酒店公寓房、会议室、健身房、室外游泳池、全日制餐厅和一个 4 层高的购物中心，专为讲究品质生活的人群，精心打造商旅活动空间。

实景图

科技氢能：投资科技氢能产业，助力零碳新技术

方直科技投资氢能源汽车的研发和落地，为未来氢能替代石油成为新一代的清洁能源而积极努力。截至目前，已实现从制氢储氢、加氢站建设、氢能动力系统、氢能整车及核心零部件、到氢能检测公共服务的氢能汽车全产业链的发展布局。

2017年12月，泰歌号氢能汽车新车落地。
2019年4月，格罗夫发布格兰尼、欧思典以及欧思典三款乘用车高端SUV。
2021年4月，格罗夫的全新氢能商用车和氢燃料重卡在上海发布。
2021年11月，格罗夫重卡首批在长治亮相。

格罗夫乘用车　　　　　　　　　　　　格罗夫重卡

方直心生活：美好生活创享家

方直心生活服务集团，是一家专注于品质物业服务的中国物业百强企业，服务项目包括住宅、写字楼、产业园、学校、酒店管理、公园景区、市政等多类型的多业态城市综合运营服务商。

智慧创造卓越，品质铸就未来。十年来，方直心生活坚持以"初心、匠心、暖心、细心、安心、省心"六心理念铸造精品服务，赢得了客户、同行的信任、尊重和赞誉。

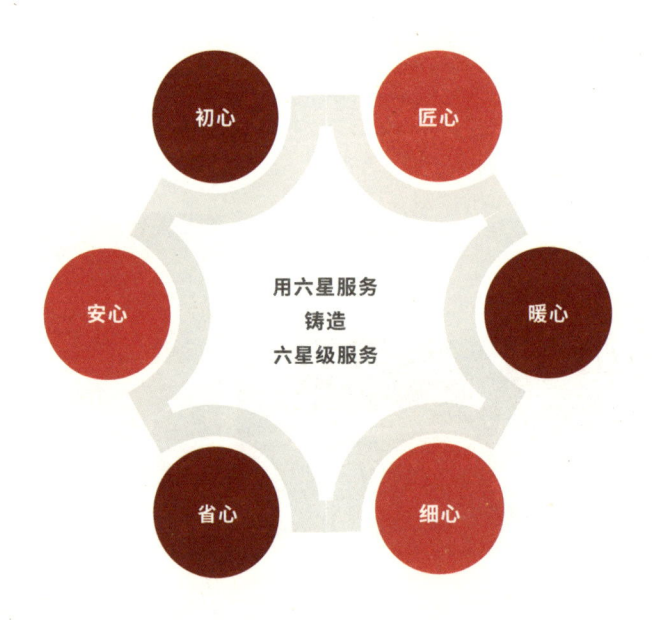

用六星服务
铸造
六星级服务

（初心、匠心、暖心、细心、省心、安心）

企业愿景 被公认为最用心的美好生活创享家。
服务理念 初心、匠心、暖心、细心、省心、安心。
企业定位 多业态城市综合运营服务商。
企业使命 无论什么事，我们与你同在。

臻 境
ZHEN JING

物业基础服务：细节决定成败，暖心筑造美好

方直心生活致力于用细心与暖心打造品质基础物业服务，通过延续母公司 DNA 的园林绿化环境养护管理系统、退伍军人安防管理系统、24 小时待命稳定运行的工程保障系统、卓越的 CRM（customer relationship management）客户关系管理体系，全力打造安定祥和、温馨和谐的社区氛围，让客户住得安心、省心。

"铂雅管家"服务	安全管理服务	环境绿化服务	社区清洁服务	心交付维保服务
• "铂雅管家"客户服务体系 • 5341客户服务快速反应体系	• 武装巡查 • 巡更系统	• 访客系统 • 车场系统	• 保洁管理 • 绿化管理 • 消杀管理	• 排污管理 • 污控控制 • 建设环境小品	零打扰服务方案，避开业主出行高峰期，完成环境清扫、垃圾清运、设备清洁等清洁服务。	为业主提供高效、优质、专业的维修服务，实现维修工单的智能调度。

方直满足及实现客户在不同场景下的生活需求，构建场景化智慧社区。
通过运用智能化物业管理平台和智慧化业主生活服务平台，让客户端、管家端、服务管理端有效形成闭环，驱动项目团队整体服务力的综合提升，构建场景化智慧社区。

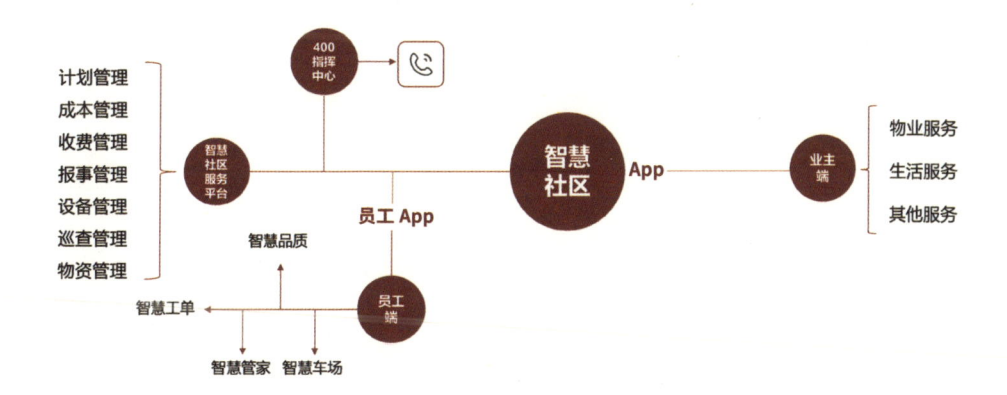

计划管理
成本管理
收费管理
报事管理
设备管理
巡查管理
物资管理

智慧社区服务平台 — 400指挥中心 — 智慧社区 App — 业主端

物业服务
生活服务
其他服务

员工 App

智慧品质
智慧工单
智慧管家　智慧车场

员工端

生活沉境场
SHENG HUO CHEN JING CHANG

在标准化服务的基础上,营造友好邻里社群氛围。

方直心生活以客户为导向,实施精细化、标准化服务管理。对于客户关心的关键环节和痛点问题,方直心生活组织专业团队进行分析研讨,不断进行流程优化,目前细化的服务标准高达6000项,远远高于行业均值。

在标准化服务的基础上,方直心生活定期提供剪发、修鞋、磨刀、清洗门垫、社区义诊等便民服务,做到夏送"清凉"、冬送"温暖";还根据不同的人群、节气和节日举办丰富多彩的社区文化活动,用情怀和温度营造和谐友好的邻里社群氛围。

增值服务:一站式社区场景全周期服务

方直心生活打破传统物业边界,在坚守服务本源的初心下,聚集人力、物力,关注客户全方位的生活需求,从房屋空间服务、园区空间服务、社区传媒服务三个方向,向客户提供一站式社区生活场景全周期服务。

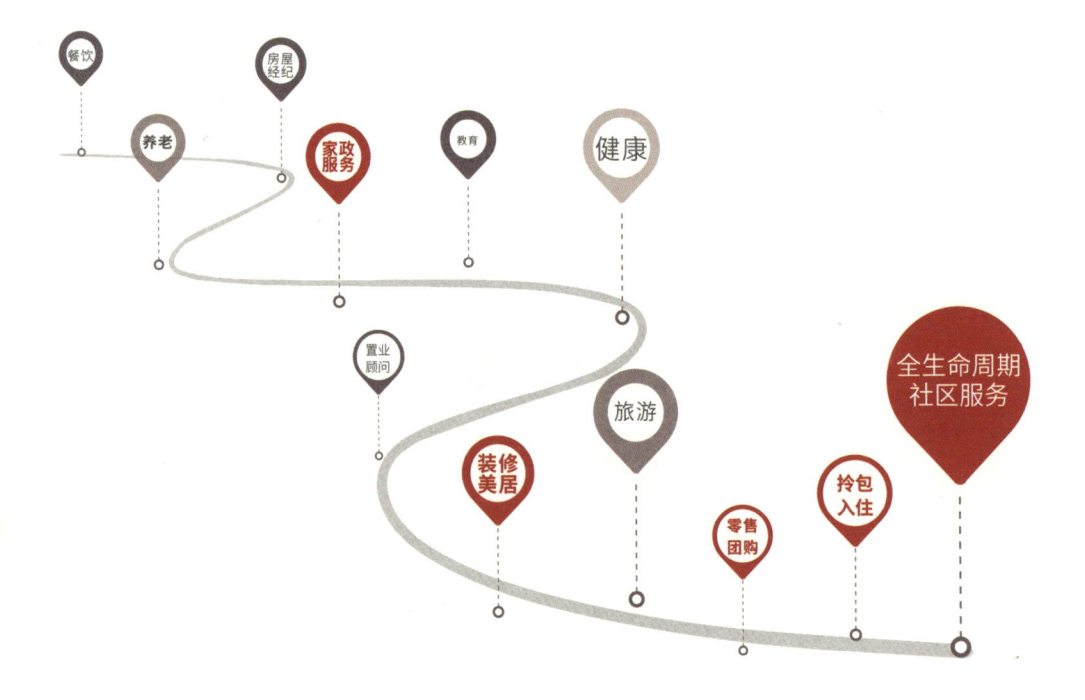

方直实业：建筑生态美学志

方直实业以"天人合一"为理念，应用到人居环境中，达到人文建筑与自然环境的和谐、融合，从而实现生态的平衡。这种平衡，是方直智慧的美学所在。它以人为本，将人文情怀、建筑艺术与环境艺术共冶一炉，丰富业主的物质生活与精神生活，创造量体裁衣、谙合时宜的人居哲学。

方直环境：国家一级资质园林空间师

方直环境是方直集团为打造更好的园林空间，而专设大规模的绿化种植与养护基地，主要为住宅、旅游度假区、商业空间和公共工程等提供景观园林、装修装饰、生态园及绿化养护、市政工程等园林"一体化"综合服务。

方直环境与一线房地产品牌保持着长期的合作关系，打造了多个明星园林项目，多次被企业评为A级供应商，并以迅猛的发展速度迈向全国，在西安、青岛等城市，打造了如西安香格里拉酒店等高品质的代表作。

生 活 沉 境 场
SHENG HUO CHEN JING CHANG

ISO三标一体化认证

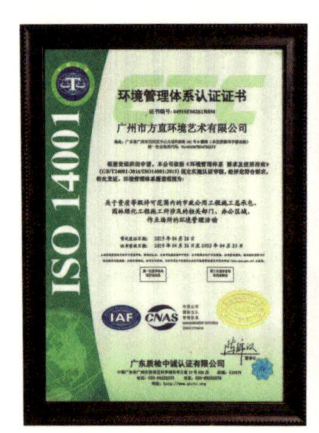

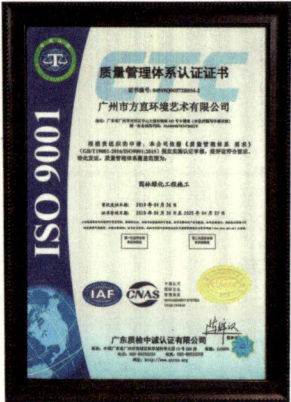

方直生态园：中国生态示范产业集群

方直第一个生态科技产业园在2012年落户阳西。方直阳西生态园总规模2500亩，生态环境优越。方直用专注园林研究与种植的丰富经验，走出一条科技支撑园区、园区带动产业、产业促进生态的发展之路。方直生态园绿色效益辐射珠三角，为阳西逐步达到国家现代林业建设示范城市、国家园林城市等国家级标准提供有力支撑。同时，方直阳西生态园的有机农业、苗圃种植，对商业、住宅形成很好的反哺效应。

方直公益，以心筑善

助力教育，扶贫助困，累计捐款逾 3 亿元

方直自创立以来，始终秉承服务社会、回报社会的宗旨，构筑了方直公益，重点关注教育事业。截至目前，方直公益总捐助金额超 3 亿元。其中，有超 1 亿元的捐助用于教育方面的投入。

支持教育事业

方直公益坚持支持和关注教育事业，为城市新兴区域引入教育机构，为有需要的学校捐资捐物，为促进教师人才的培养和教育事业的发展贡献力量。方直公益在教育方面的支持，涵盖幼儿园到大学，为农村地区建设幼儿园，为困难地区修建教学楼和校舍，并陆续在多个高校设立奖教奖学金。

广东工业大学"方直杯"奖学金颁发典礼

生活沉境场
SHENG HUO CHEN JING CHANG

"童梦同行"童伴计划

2018年，方直公益启动"童梦同行"童伴计划，重点关注"青少年"教育培养，目前已陆续在惠州、中山、湛江等城市的困难学校开展支助活动，帮助打造图书室、美术室、体育场等。方直公益的志愿者们更是为孩子们带去美术、音乐、朗诵课程，为孩子们创造了一个德智体美全面发展的学习环境。

活动图

活动图

扶贫助困

方直公益助力城市建设，为贫困村、困难地区修建道路、架设桥梁，为助力城市发展献策献力，助力城市美好生活建设。

活动图